AF630503

MANA

In der Reise-Lesebücher-Reihe bisher erschienen:
„Das Island-Lesebuch“ von Almut Irmscher (978-3-95503-127-5)
„Das Norwegen-Lesebuch“ von Almut Irmscher (978-3-95503-130-5)
„Das Dänemark-Lesebuch“ von Almut Irmscher (978-3-95503-133-6)
„Das Irland-Lesebuch“ von Almut Irmscher (978-3-95503-136-7)
„Das Schottland-Lesebuch“ von Almut Irmscher (978-3-95503-139-8)
„Das England-Lesebuch“ von Almut Irmscher (978-3-95503-142-8)
„Das Portugal-Lesebuch“ von Almut Irmscher (978-3-95503-146-6)
„Das Griechenland-Lesebuch“ von Almut Irmscher (978-3-95503-152-7)
Alle Bücher sind auch als E-Book erhältlich.

Bibliografische Information der Deutschen Nationalbibliothek
Die Deutsche Nationalbibliothek verzeichnet diese Publikation in der Deutschen Nationalbibliografie. Detaillierte bibliografische Daten sind im Internet unter http://dnb.dnb.de abrufbar.

Titelfoto und Bilder im Innenteil:
Almut Irmscher

Umschlagentwurf, Satz und Layout
MANA-Verlag

Zeichnungen:
Tabea Sudrow

Druck
Dardedze, Riga, EU

ISBN
978-3-95503-149-7

Almut Irmscher

Das Italien-Lesebuch

Impressionen und Rezepte aus dem Land der Sehnsucht

Einführung 7

Il Pranzo e la cena – die Esskultur Italiens 10
Cannelloni Milanese – Cannelloni nach Mailänder Art 15

Kampf um die Ehre – der Palio von Siena 16
Cavallucci di Siena – Gewürzplätzchen aus Siena 21

Pirates of the Mediterranean – die Sarazenen 22
Zuppa saracena – Sarazenensuppe 27

Der wilde Süden – die Cowboys der Maremma 29
Brassato maremmano – Rinderschmorbraten aus der Maremma 34

Warum ist die Gondel krumm? – Von Gondeln, Gondolieri und Frauen 35
Calamari alla veneziana – Tintenfisch auf venezianische Art 39

Zwischen Realität und Anspruch – die Frau in Italien 40
Penne all' arrabiata – Nudeln nach Art der zornigen Frau 46

Dallas am Arno – Gucci und der Gucci-Clan 47
Tortini della mora con schiuma di balsamico – Brombeertartelettes mit Balsamicoschaum 52

Methusalem der Bäume – die Kastanie der hundert Pferde 53
Risotto con le castagne – Kastanienrisotto 57

Bella, bella, bella Marie – vom Zauber der Insel Capri 58
Insalata Caprese 63
Limoncello 64

Zu Gast bei der Wölfin – Prostitution im Alten Rom 65
Patina de Asparagus – Spargel mit Hühnchen (Adaption eines römischen Rezeptes aus dem Kochbuch des Marcus Gavius Apicius) 70

Harlekin und Colombina – die Commedia dell'Arte 71
Zabaione 75
Profiterole – Schokoladen-Windbeutel 76

Buon Capodanno – Silvester in Italien 77
Cotechino e lenticchie – Linsen mit Schweinswurst 82

Nicht immer eine runde Sache – die Pizza 83
Pizza napoletana – Pizza auf neapolitanische Art 90

Schlafender Dämon – der Vesuv 91
Orata in crosta di sale – Dorade in Salzkruste 98

Das weiße Gold der Toskana – Carrara-Marmor 99
Bruschetta con lardo di Colonnata – Röstbrot mit Speck aus Colonnata 106

Die Erde ist eine Scheibe – Revolution am Sternenhimmel 107
Arrosto toscano con menta – toskanischer Minzbraten .. 112

Ein großes Spektakel – Hochzeit auf Italienisch 113
Torta al cioccolato con petali di rosa – Schokoladentorte mit Rosenblüten 119

Pracht und Rauch – die Sixtinische Kapelle 120
Pollo alla diavola con polenta – Teufelshähnchen mit Polenta 125

Die Legende einer großen Liebe – Romeo und Julia 126
Risotto all'Amarone con insalata di rucola – Risotto mit Amarone und Rucolasalat 131

Eisenherren der Toskana – die Etrusker 132
Zuppa di farro – Zweikornsuppe 139

Tor zur Hölle – Solfatara 140
Verdure al forno – Gemüse aus dem Ofen 144

Es bleibt in der Familie – die Mafia 145
Penne alla Norma – ein Rezept aus Sizilien 152

Hollywood am Tiber – Cinecittà 153
Drei Cocktails aus der großen Zeit von Cinecittà:
Papagallo 158
Americano 158
Bacio 159

Mord, Intrigen und Gerüchte – Lucrezia Borgia 160
Arancini su insalata di mais – Reisbällchen auf Feldsalat 166

Tempel zwischen Gräsern und Wind – Paestum 168
Mozzarella in carrozza – „Käse in der Kutsche" 173

Oper unter Sternen – die Arena di Verona 174
Grano Dolce – ein Dessert mit Granatapfelkernen 179

Die Wiederentdeckung der Schönheit – der Humanismus der Renaissance 180
Arista alla fiorentina – Schweinebraten nach Florentiner Art 186

Mitten im Mittelmeer – eine Reise entlang Italiens Westküste 187
Spaghetti vongole – Spaghetti mit Muscheln 194

Das letzte Wort 195

Danksagung 196

Einführung

Italien – schon seit Goethes Zeiten ist es das Land der Sehnsucht. Hinter den hohen Gipfeln der Alpen scheint ein verheißungsvolles Paradies zu locken. Blühende Zitronenbäume verbreiten dort unter der strahlenden mediterranen Sonne ihren betörenden Duft, schattenspendende Palmen wiegen sich in einer sanften Brise, die Blätter knorriger Olivenbläume schillern silbrig an sanft geschwungenen Hängen. Schlanke Zypressen ragen majestätisch in einen azurblauen Himmel, farbenfroh blühen Oleander und Bougainvilleen, und zwischen Weinreben erhebt sich malerisch ein pastellfarbenes Landhaus.

Von den schneebedeckten Alpen bis zum sonnenverwöhnten Sizilien wartet Italien mit einer atemberaubenden Vielfalt wunderbarer Landschaften auf. Ihr Spektrum reicht von klaren Bergseen, gerahmt mit himmelstürmenden Felsen, über lieblich grüne Hügel und mächtige Vulkane bis hin zu goldenen Stränden vor dem blau leuchtenden Mittelmeer.

Doch nicht nur die berauschende Schönheit seiner Gefilde ist es, die Reisende nach Italien zieht. Denn nirgends gibt es so viele Kunst- und Kulturschätze zu entdecken wie hier. Seien es die weltentrückten Kirchen und Paläste oder die großartigen Bauwerke der Renaissance, deren Pracht den Betrachter sprachlos macht. Seien es die herrlichen Gemälde und Statuen, geschaffen von legendären Künstlern wie Leonardo da Vinci oder Michelangelo Buonarroti. Oder die spektakulären Zeugen der Antike, die in Italien so selbstverständlich mit dem

Hier und Jetzt verschmelzen wie an keinem anderen Ort. All dies begleitet die opulente Musik, die uns italienische Meister schenkten, die große Oper, deren Klänge die Seele Italiens mit solcher Gefühlstiefe widerzuspiegeln vermag.

Und wer hat nicht sein Herz an die italienische Küche verloren, von der einfachen Pizza oder Pasta bis hin zu den lukullischen Verführungen ausgefeilter Rezepturen, die sich stets schlichter, aber doch unvergleichlich köstlicher Zutaten bedienen? Kugeln saftigen Mozzarellas, aromatisch duftendes Basilikum oder tiefrote Tomaten, denen die Sonne ihren intensiven Geschmack geschenkt hat? Süß tropft der Saft aus vollreifen Melonen, verlockender Kastanienhonig gesellt sich zu würzigem Parmesan. Zartschmelzende Gnocchi dampfen in der Schüssel, fangfrischer Fisch brutzelt auf dem Grill, sonnengelb präsentiert sich die Zabaione als unwiderstehliches Dessert. Und all dies wird von den köstlichen Weinen Italiens begleitet, deren Palette ein wahres Feuerwerk der Aromen und Geschmacksnuancen entzündet.

Kurzum, Italien bietet alle Voraussetzungen für Lebensgenuss auf höchstem Niveau. Kaum ein Volk vermag die Leichtigkeit des Seins so selbstverständlich mit erlesenem Geschmack, müheloser Eleganz und heiterer Kultiviertheit zu verbinden wie die Italiener. Es scheint, sie sind die wahren Lebenskünstler dieser Welt, beherrschen spielend den Balanceakt zwischen Hochkultur und dolce far niente.

Dieses Buch erzählt von Italien, von seinen Landschaften, seiner Geschichte, seiner Kultur und seinen Menschen. Und wenn Sie vom Lesen hungrig geworden sind, dann entdecken Sie nach jedem Kapitel klassische oder ungewöhnliche Rezeptideen für die italienischen Momente in Ihrer Küche. Zur Abrundung Ihrer Eindrücke finden Sie viele Fotos aus Italien in den Fotoalben auf *www.almutirmscher.de*.

Schenken Sie sich ein Glas Chianti ein und kommen Sie mit auf die Reise!

Benvenuti in Italia – willkommen in Italien!

Il Pranzo e la cena – die Esskultur Italiens

Fröhliches Stimmengewirr verbreitet sich an der langen Tafel, die einladend unter einer Weinlaube steht. Eine italienische Gesellschaft hat sich hier niedergelassen. Jung und Alt bunt gemischt, von der Großmutter, der „nonna" mit wettergegerbtem Gesicht, bis zum quirligen Kleinkind, das von einem zum anderen läuft, sich herzen oder sich Leckereien zustecken lässt, und doch niemandem lästig ist. Brotkörbe stehen auf dem mit einem rotweiß karierten Tischtuch gedeckten Tisch, dazu Wasser und Wein. Familie und Freunde haben sich zur „cena" eingefunden, zum Abendessen, dem Höhepunkt des Tages.

Das gemeinsame Essen ist in Italien ein wichtiges Ritual. Nicht alleine zu Hause, nein, mit der ganzen Familie, den Nachbarn oder Freunden wird die Mahlzeit zelebriert, und gerne geht man dazu auch in ein Restaurant.

Doch der Tag beginnt zunächst mit dem Frühstück. Deutsche mögen vielleicht erschrecken, wenn sie sehen, wie spartanisch das in Italien gehandhabt wird. Das Frühstück ist eine absolute Nebensache und besteht aus einem Hörnchen (cornetto), süßem Weißbrot oder einem Teilchen, dazu ein Espresso. Und das Ganze auch noch auf die Schnelle im Stehen in der Bar um die Ecke. Ein paar flüchtige Worte mit dem Barmann gewechselt oder die Schlagzeilen in der Tageszeitung überflogen, und schon geht es weiter in den Tag hinein.

Es gibt zwei Gründe für die Belanglosigkeit, mit der die Italiener ihr Frühstück handhaben: Zum einen wurde am Abend zuvor noch zu später Stunde gut und ausgiebig gegessen. Zum anderen wird es teuer, wenn man sich in der Bar erst einmal hinsetzt. Dann wird eine Gebühr für die Bedienung erhoben, sodass der Preis für den Espresso um bis zu 80 Prozent steigen kann. Geht es also nur um den kleinen heißen Koffein-Push, so ist es deutlich günstiger, den Espresso im Stehen an der Bar einzunehmen.

Die Bar hat in Italien einen ganz anderen Stellenwert als in Deutschland. Sie ist der Lebensmittelpunkt der dörflichen Gemeinschaft oder des Stadtviertels. Hier trifft man sich auf einen Plausch, hier wird gefrühstückt, hier wird später am Tag ein „aperitivo" getrunken und immer wieder zwischendurch ein „caffè", dazu werden süße oder herzhafte Kleinigkeiten genascht. Hier wird Fußball geschaut, hier erfährt man die wichtigsten Neuigkeiten und allen Klatsch und Tratsch aus der Nachbarschaft.

Am Mittag ist es dann Zeit für die erste Hauptmahlzeit des Tages, „il pranzo". Die Restaurants öffnen in der Regel mittags um halb eins, doch oft kommt es vor, dass die Küche erst eine halbe Stunde später die Arbeit aufnimmt. Denn das Mittagessen beginnt nicht vor 13 Uhr.

Wer früher kommt, behilft sich so lange mit Brot und Grissini, die immer auf dem Tisch stehen. Sie gehören zum „coperto", dem Gedeck, selbstverständlich sind auch Stofftischdecke und Stoffserviette inbegriffen. Das „coperto" schlägt immer mit einigen Euro pro Person zu Buche, noch bevor man die erste Kleinigkeit bestellt hat. Zum Ausgleich wird aber das Trinkgeld nicht so selbstverständlich und so hoch erwartet wie bei uns.

Brot gehört immer zu einer italienischen Mahlzeit, ganz egal, was es gibt. Außerdem gehören Wasser und Wein dazu, und es ist nicht ungewöhnlich, dass auch Kinder einen Spritzer Wein in ihr Wasser bekommen. So wurde es schließlich schon im alten Rom gehandhabt.

Das Mittagessen besteht, egal ob im Restaurant oder zu Hause, aus mehreren Gängen und dauert schon mal anderthalb Stunden. Allerdings ist es in der Regel nicht so opulent wie das Abendessen. Ein paar Nudeln oder eine Suppe als Vorspeise, danach Fleisch oder Fisch mit Beilagen („contorni"), die im Restaurant separat dazu bestellt werden müssen. Und hinterher eventuell eine Süßspeise („dolce"), auf jeden Fall aber ein „caffè", der rituell zum Essen gehört.

Höhepunkt des Tages ist in kulinarischer Hinsicht eindeutig das Abendessen, „la cena". In der Regel beginnt es nicht vor 20 Uhr, die meisten Restaurants öffnen aber bereits etwas früher, um sieben oder um halb acht. Das Genießen von Essen und Trinken ist eine Lebensfreude, die sich kein Italiener gerne nehmen lässt, auch wenn in Italien Schnellrestaurants und Imbissbuden mittlerweile weit verbreitet sind. So ersetzen ein Hamburger auf die Schnelle oder ein Stück Pizza aus einem „pizza a taglio"-Imbiss schon mal ein Mittagessen, doch auf das traditionelle abendliche Essritual wird kaum ein echter Italiener gerne verzichten wollen.

Wenn zu Hause gegessen wird, dann hat die Mama, die das Regime in der Küche führt, liebevoll köstliche Speisen zubereitet, aus frischen Zutaten von bester Güteklasse. Denn die Italiener legen großen Wert auf die Qualität des Essens. So kaufen sie lieber auf dem Markt als im Supermarkt oder gar an der Tiefkühltheke. Nirgendwo sonst werden so viele frische Kräuter verarbeitet wie in Italien, für feine Aromen sorgen frischer Lorbeer, Salbei und Basilikum, Rosmarin, Thymian, Estragon, Majoran und Oregano, Fenchel, Peperoni, Knoblauch oder Petersilie.

Das abendliche Ritual wird mit einem „aperitivo“ eingeleitet, isst man auswärts, so nimmt man diesen gerne unterwegs in einer Bar. Dann stellt sich die Frage, wo man essen möchte, gibt es doch neben dem „ristorante“ noch die „osteria“, die „pizzeria“, die „rosticceria“ und die „trattoria“.

Das „ristorante“ ist ein klassisches Restaurant mit voller Menüauswahl. Die „osteria“ hingegen diente früher als reine Schankwirtschaft, in die man sein eigenes Essen mitbrachte. Heute werden in einer „osteria“ einfache Speisen zu günstigen Preisen serviert. Die „pizzeria“ bietet vor allem eine Auswahl an Pizzen aller Art, mittlerweile meist aber auch einige andere Gerichte. In der „rosticceria“, einer Art Grillimbissstube, steht der Chef am Holzkohlengrill und bereitet verschiedene Fleisch- und Gemüsegerichte zu. Die „trattoria“ hingegen ist ein einfaches Gasthaus, in dem regionale Spezialitäten gekocht werden.

Das Abendessen beginnt mit einigen appetitanregenden Kleinigkeiten, den „antipasti“. Käse, Salami, eingelegtes oder gegrilltes Gemüse, Oliven, kleine Salate, dazu Weißbrot und natürlich Wein. „Il primo“, der erste Gang, bringt danach in der Regel ein Nudelgericht, einen Risotto oder auch eine Suppe. Der zweite Gang, „il secondo“, besteht aus Fleisch oder Fisch, dazu bestellt man Gemüse, Polenta, Kartoffeln oder Salat. Es folgt der Nachtisch, „dolce“, also eine verführerische Leckerei wie Tiramisu, Zabaione oder Panna cotta, es kann aber auch ein würziger Parmesan mit Honig sein. Wenn dann zum Schluss der Espresso gereicht wird, begleitet von einem „digestivo“ wie Grappa, Averna oder Sambuca, sind gut und gerne drei Stunden vergangen. Der Espresso beendet das Mahl, bei Einladungen weiß der Gast, dass er nun gehen sollte.

Und so hat sich der Abend über unsere fröhliche Tischrunde gesenkt, die Sterne glitzern zwischen den Weinblättern hindurch. Das Geplapper ist noch munterer geworden, und das Kleinkind läuft noch immer neckend von einem zum anderen. Die Weingläser sind abgeräumt, die Kaffeetässchen werden aus dem Espressokocher befüllt, und eine Flasche mit selbst gebranntem Grappa macht die Runde. Schon werden die ersten Stühle gerückt, die ersten Abschiedsrituale beginnen. Gut gelaunt und beschwingt wird der Abend beendet, mit einem wohligen Gefühl beginnt der Aufbruch nach Hause. Wer braucht schon mehr als ein „cornetto“ am nächsten Morgen?

Cannelloni Milanese – Cannelloni nach Mailänder Art

Zutaten für 4 Personen:

1 Packung Cannelloni
250 g frischer Spinat
250 g Rinderhackfleisch
50 g fetter Speck (gewürfelt)
100 ml passierte Tomaten
50 ml Sahne
500 ml Milch
40 g Butter
30 g Mehl
150 g Mozzarella
100 g Mascarpone
5 getrocknete Tomaten
1 Ei
15 Basilikumblättchen
2 El Pesto
geriebene Muskatnuss
Salz, Pfeffer

Zubereitung:

Den Spinat waschen und 1 Minute lang in siedendem Salzwasser blanchieren. Durch ein Sieb angießen, abtropfen und abkühlen lassen. Klein schneiden und mit Hackfleisch, Ei, Speck, Mascarpone, passierten Tomaten, Pesto und Sahne vermischen. Die getrockneten Tomaten und Basilikumblätter hacken und untermischen, mit Salz und Pfeffer würzen. Diese Mischung nun in die Cannelloni drücken, am besten mit Hilfe eines kleinen Löffels.

Die Butter in einem Topf schmelzen, das Mehl hineinrühren und anschwitzen, dann die Milch hinzugießen und zur Bechamelsauce aufkochen. Mit Salz und Muskatnuss abschmecken.

Die Cannelloni in eine Auflaufform geben, mit der Bechamelsauce übergießen, zum Schluss den Mozzarella in kleine Stücke reißen und darüberstreuen. Mit Alufolie abdecken und bei 180°C 40 Minuten im Ofen backen.

Dann die Alufolie entfernen und die Cannelloni weitere 10 Minuten überbacken, bis die Oberseite goldbraun ist.

Kampf um die Ehre – der Palio von Siena

Staub wirbelt über die mittelalterliche Piazza, die sich in ein lebendiges Meer verwandelt hat, denn unzählige Menschen drängen sich dicht an dicht. Sie teilen eine Aufregung, die sie fast zu zerreißen droht, fiebrig flirrt unerträgliche Spannung zwischen den stolzen mittelalterlichen Palazzi. In atemberaubendem Galopp und fast schon schneller, als das Auge sie erfassen kann, legen sich zehn Pferde in eine enge Kurve. Eines wird zu nahe an die Tribüne gedrängt, in Sekundenbruchteilen entscheidet sein Reiter abzuspringen, um nicht zwischen Pferdeleib und Holztribüne zerquetscht zu werden. Unbeirrt vom Verlust seines Jockeys prescht das Pferd, das den Namen Hugo Sanches trägt, weiter voran. Hitzig getrieben im wilden, ungezähmten Rennen der zehn Pferde, mitten in der mittelalterlichen Stadt.

Palio ist der Name des Ereignisses, das ganz Siena zweimal jährlich den Atem raubt. Das lateinische Wort „pallium“ bedeutet Tuch, und ein solches, den „palio“, gilt es zu erobern: Der Sieger des populärsten Pferderennens Italiens erhält eine bunte Standarte mit einem Madonnenmotiv, das alljährlich von einem Künstler neu gestaltet wird. Nicht um materiellen Lohn geht es beim Palio. Es geht um nichts Geringeres als die Ehre eines Stadtteils, und kaum ein Außenstehender vermag sich vorzustellen, wie ernst es den Sienesen damit ist.

Das mittelalterliche Siena gehört zu den schönsten Orten Italiens, seine unversehrte historische Struktur lässt den Odem der Jahrhunderte zu ewiger Zeitlosigkeit verschmelzen. Seit jeher ist Siena in verschiedene Viertel aufgeteilt, die sogenannten „contrade“. Seit dem 17. Jahrhundert sind insgesamt 17 Contrade festgelegt, jede davon schmückt sich mit einem eigenen Wappen und trägt einen blumigen Namen, zum Beispiel die Contrada der Welle, des Adlers, des Panthers, der Muschel oder des Turms. Wer durch die Gassen der Altstadt schlendert, kann an zahlreichen Gebäuden die Zeichen der Contrade entdecken. Die Bürger der Contrade werden „contradaioli“ genannt, und die Bedeutung der Identität, die die Contrada für den Contradaiolo hat, kann ein Nicht-Sienese kaum begreifen. Ein Sienese ist in erster Linie Contradaiolo, erst in zweiter Linie Bürger der Stadt Siena. Die Zugehörigkeit zur Contrada beginnt mit der Geburt und endet mit dem Tod, alles, was dazwischenliegt, findet immer unter dem Schirm der Contrada statt. Die Contrada bildet eine riesige Gemeinschaft, der Stadtteil wird zu einer einzigen Familie. So geschieht es, dass der Vorsteher einer Contrada während eines Festmahls einen alten Mann begrüßt, der längere Zeit krank war, und 2.000 Menschen heben ihr Glas auf seine Gesundheit. Der enge Zusammenhalt innerhalb der Contrada sorgt auch dafür, dass Siena sowohl eine geringe Kriminalitätsrate als auch eine recht niedrige Arbeitslosenquote hat.

Doch so eng der Zusammenhalt innerhalb der einzelnen Contraden, so erbittert sind die Konkurrenz, die Rivalität und die Feindseligkeit der Contraden untereinander. Seit dem Mittelalter entlädt sich dies im Wettkampf um den Palio. Da Maria die Schutzheilige Sienas ist, findet der Palio zu ihren Ehren zweimal jährlich statt, und zwar immer am 2. Juli, dem Tag der Heimsuchung Marias, und am 16. August, Mariä Himmelfahrt. Ganz Siena fiebert diesen beiden Tagen entgegen, und stets gilt: Nach dem Palio ist vor dem Palio.

Austragungsort ist die muschelförmige Piazza del Campo, einer der schönsten und architekturhistorisch interessantesten Plätze der Welt. Ein etwa 300 Meter langer und siebeneinhalb Meter breiter Rundkurs wird am äußeren Rand der Piazza für den Palio angelegt und mit einer festgestampften Schicht aus Sand und Tuff belegt.

Aufgrund der drangvollen Enge auf der Piazza ist die Teilnahme auf zehn Contrade begrenzt. Das sind immer die sieben, die im Vorjahr nicht teilnehmen konnten, und drei weitere, die ausgelost werden. Hierbei werden die beiden jährlichen Rennen unabhängig behandelt, wodurch es theoretisch möglich wird, dass eine Contrada beide Rennen eines Jahres gewinnt. Dieser Sensationserfolg stellt sich allerdings überaus selten ein, die letzten Male in den Jahren 1933, 1997 und 2016.

Die beim Rennen eingesetzten Pferde sind nicht mehr wie früher stämmige Maremmapferde, sondern leichtfüßige Halbblüter. Auch reiten längst nicht mehr vorwiegend Jungs aus Siena, sondern bezahlte Jockeys, viele davon kommen aus Sardinien. Pferde und Reiter werden nach ausgeklügelten Systemen trainiert, das einstige Schicksalsrennen ist zu einem durchorganisierten Sportereignis geworden. Die Pferde werden bei Proberennen ausgewählt und den teilnehmenden Contrade vier Tage vor dem Ereignis durch Los zugeteilt. Die Contrade lassen ihre Pferde in ihren jeweiligen Kirchen segnen und bewachen sie nun Tag und Nacht bis zum großen Ereignis.

Schon eine Woche vor dem Wettkampf ist die Aufregung in den Gassen von Siena fast mit Händen zu greifen, doch die offiziellen Feierlichkeiten beginnen erst drei Tage vor dem Rennen. Die Einwohner kleiden sich in den Farben ihrer Contrada, Musik, Gesang und Festbankette reihen sich aneinander.

Die letzte Generalprobe findet am Morgen des Renntages statt. Am Spätnachmittag füllt sich der Platz, wenn sich etwa 50.000 Zuschauer eng in seiner Mitte zusammendrängen, um dem Spektakel beizuwohnen. Ein eindrucksvoller Festzug eröffnet das Ereignis: Standartenschwingend ziehen die einzelnen Contrade mit ihren Rennpferden, Jockeys, Reitknechten und einem Paradepferd in bunten historischen Kostümen ein, gefolgt von Fahnenschwingern und einem von vier weißen Ochsen gezogenen Triumphwagen, der an eine Schlacht gegen Florenz im Jahre 1260 erinnert. Gestartet wird an einer Startleine, die jeweilige Position bestimmt das Los. Wenn das zehnte Pferd in Position gegangen ist, erfolgt der Start, doch wegen der Hochspannung, der Unruhe und der Enge kommt es meist erst zu einigen Fehlstarts. „Aquila!“, schreit der Startleiter, und ohrenbetäubender Lärm erschüttert die Piazza, die zuvor in angespannter Stille verharrte. Das Rennen geht los.

Dreimal muss das Feld die Piazza del Campo umrunden. Die Pferde werden ohne Sattel geritten, geschmückt nur mit den Farben der jeweiligen Contrada. Fast alles ist erlaubt: Die Jockeys führen Ochsenziemer mit sich, mit denen sie ihre Kontrahenten und deren Pferde schlagen dürfen. Der Palio ist ein brutales Rennen.

Seit 1975 sollen mehr als 40 Pferde beim Palio zu Tode gekommen sein. Immer wieder geschieht es, dass bei dem mörderischen Tempo ein Pferd in den engen Kurven verletzt wird, gegen die Begrenzung stößt oder stürzt. Deshalb protestieren Tierschützer seit Jahrzehnten heftig gegen den Palio. Die Stadt hat als Reaktion die Sicherheitsvorkehrungen erhöht, die gefährliche San-Martino-Kurve gepolstert und den Belag verbessert. Doch nicht nur die Pferde sind in Gefahr, auch der Reiter ist es. Und sogar über dem Publikum schwebt eine ständige Bedrohung. Es ist schon mehrfach vorgekommen, dass ein Pferd aus der Bahn ins Publikum hineingerast ist. Mag sein, dass auch dieser Nervenkitzel den besonderen Reiz des Palio ausmacht.

Deutlich weniger als zwei Minuten dauert das Spektakel, dann ist es schon wieder vorbei, noch ehe sich der Staub gesenkt hat. Gewonnen hat das Pferd, das nach der dritten Runde als erstes die Ziellinie passiert – egal, ob mit oder ohne Reiter. Lediglich die Farben seiner Contrada darf es nicht verlieren. Ist ein Pferd ohne Reiter Sieger geworden, so nimmt es traditionell beim abendlichen Festbankett am Kopf der Tafel teil.

Die siegreiche Contrada erhält den Palio und die Ehre. Die Begeisterung schlägt sich in tagelangen Feierlichkeiten Bahn. Als die Contrada Torre nach 44 Jahren erstmals wieder einen Palio gewann, feierte sie 44 Tage lang. Schmach erleidet traditionell die zweitplatzierte Contrada, zweiter zu sein gilt als schlimmer, als einer der letzten zu sein.

Kaum 120 Sekunden dauert die Anspannung, ein paar Atemzüge nur, doch manchem Beobachter steht der Atem still. Das Pferd des blauen Reiters, das in Führung liegt, verletzt sich in einer Kurve einen Fuß, hinkt kurz, doch dann stürmt es weiter voran. Dicht folgt ihm das Pferd des orangen Reiters der „Käuzchen"-Contrada, beide geben ihre letzten Kräfte, als die Ziellinie naht. Doch neben ihnen zieht Hugo Sanches vorbei, das reiterlose Pferd der „Einhorn"-Contrada. Unbeirrt, zielsicher, kraftvoll und überlegen nimmt es als erstes das Ziel.

Die „Einhorn"- Contrada ist außer sich. Tausende stürmen auf die Rennbahn und feiern Hugo Sanches, Sienas neuen Helden. Die weiß-orangen Fahnen der „Einhorn"-Contrada wirbeln durch die Luft, Jubel und Geschrei verdichten sich zur Hymne der Contrada, die bis zum Morgen durch Sienas Gassen schallen wird.

Cavallucci di Siena – Gewürzplätzchen aus Siena

Zutaten:

500 g Mehl
250 g Zucker
60 g Honig
100 g Orangeat
100 g Walnüsse

10 g Backpulver
1 Tl Anis
½ Tl Zimt
1 Prise Kardamom

Zubereitung:

Die Walnüsse in kleine Stücke hacken. Den Zucker zusammen mit dem Honig und 200 ml Wasser bei nicht zu starker Hitze zu einem Sirup einkochen, dabei ständig rühren.

Das Mehl in eine Schüssel geben, den Sirup daraufgeben. Die Walnüsse, das Orangeat, die Gewürze sowie das Backpulver dazugeben. Erst mit dem Kochlöffel vermischen. Wenn die Masse nicht mehr zu heiß ist, mit den Händen kräftig kneten, bis eine dicke, gleichmäßige Teigmasse entstanden ist. Diese zu Würsten von ca. 3 cm Durchmesser rollen und in ca. 1 ½ cm dicke Scheiben schneiden. Sollten die Würste zu sehr auf der Arbeitsfläche kleben, kann man diese mit etwas Zucker bestreuen.

Auf ein mit Backpapier ausgelegtes Backblech legen und jeweils leicht flachdrücken. Bei 180°C ca. 10 Minuten lang backen.

Mit Vin Santo, dem süßen Dessertwein der Toskana, servieren.

Pirates of the Mediterranean – die Sarazenen

Feuersignale! Die Dämmerung hat über der ligurischen Küste Einzug gehalten, eben noch schien es ein friedlicher Winterabend zu werden, und jetzt das!

In der Ferne leuchtet deutlich sichtbar das warnende Feuer im Sarazenenturm des benachbarten Küstenstädtchens. Laute Rufe erheben sich, Hektik bricht unter den Männern im eigenen Sarazenenturm aus. Blitzschnell müssen sie auch hier das Feuer entfachen, damit die Kette der Warnfeuer, die sich an der Küste entlangzieht, nicht unterbrochen wird. Gleichzeitig alarmieren sie die Dorfbewohner. Schreiend rennen die Menschen durch die Gassen, raffen ein paar Habseligkeiten zusammen und versuchen, die schützenden Berge mit ihren Felsen, Höhlen und Wäldern noch rechtzeitig zu erreichen. Doch für viele ist es zu spät. In Schebeken, schnittigen, wendigen und flinken Segelschiffen, brechen die Feinde wie ein Blitzgewitter herein: Sarazenen! In bunten, exotisch wirkenden Gewändern stürmen sie säbelrasselnd durch die Gassen, und wen sie erwischen, den metzeln sie ohne großes Federlesen nieder.

Einen gigantischen Blutzoll forderten die Überfälle der Sarazenen, die ab dem 8. Jahrhundert ganz Italien terrorisierten. Immer wieder brachen kriegerische Muslime in das Land ein, plünderten, raubten und mordeten ohne Gnade. Nur wer sich zum Islam bekehren ließ, hatte eine Chance, zu überleben und als Sklave nach Nordafrika, in den Nahen Osten oder auf die Arabische Halbinsel verkauft zu werden. In diesen Gebieten lag die ursprüngliche Heimat der Araber und der nordafrikanischen Mauren, die im christlich geprägten Europa des Mittelalters unter dem Begriff „Sarazenen“ bekannt und gefürchtet waren. Schnell hatte sich der neue islamische Glaube unter ihnen ausgebreitet und forderte räumliche Expansion. Neben Spanien eroberten sie schon früh Sardinien, Korsika und Teile Südfrankreichs, von wo aus sie ihre Beutezüge nach Norditalien starteten. Durch die Poebene drangen sie bis in die Schweiz vor und verbreiteten überall Angst und Schrecken. Schweizer Ortsnamen wie Saratz erinnern noch heute an diese Zeit.

Die Sarazenen dehnten ihre Raubzüge mit der Zeit immer weiter südwärts aus, überfielen mehrmals Neapel, Sorrent und Rom. Hier plünderten und brandschatzten sie die außerhalb der Mauern gelegenen Grabeskirchen St. Peter und St. Paul, sodass der Papst sich gezwungen sah, die Gotteshäuser befestigen zu lassen, um sie vor weiteren Übergriffen zu schützen.

Im Jahre 827 begannen die Sarazenen damit, Sizilien zu erobern, das bislang unter byzantinischer Hoheit gestanden hatte. Im Laufe der nächsten Jahre gelang es ihnen, die ganze Insel unter ihr Regime zu bringen. Sie siedelten Bauern an, weil Getreide auf dem fruchtbaren sizilianischen Boden ganz hervorragend wuchs. Das Korn erwies sich als Exportschlager, denn in Nordafrika wurde es heiß begehrt.

Die muslimischen Herrscher bauten das Straßennetz Siziliens aus und führten ein ausgeklügeltes Bewässerungssystem ein. Nun gediehen hier auch Baumwolle, Zuckerrohr und Papyrus. Aus Meerwasser wurde Salz gewonnen, Seidenraupen lieferten kostbare Seide. Sizilien erlebte eine ungeahnte Blütezeit. Die Eroberer lebten in prächtigen Emirspalästen, arabisches Kunsthandwerk wie die Keramikherstellung breitete sich aus. Palermo expandierte auf rund 300.000 Einwohner, mehr als alle deutschen Städte jener Zeit zusammen aufbringen konnten.

Noch im gleichen Jahrhundert eroberten die Sarazenen Teile von Apulien, wo sie über viele Jahre ansässig blieben. In Tarent, Bari und Brindisi entstanden Emirate.

Es waren wirre Zeiten, denn statt sich gegen die immer wieder zu Beutezügen aufbrechenden Sarazenen zusammenzutun, schlossen die Herrscher der unterschiedlichen Regionen und Städte Italiens wechselnde Bündnisse mit diesen, um sich gegen ihre einheimischen Rivalen zu wehren. Doch auch die Sarazenen stritten untereinander. Die von den Wikingern abstammenden Normannen konnten ihnen Sizilien deshalb im 12. Jahrhundert entreißen. Eine Zeit lang lebten die Normannen und die unterworfenen Muslime friedlich nebeneinander, doch als die Staufer mit Friedrich II. die Macht übernahmen, fand das ein Ende. Viele Muslime wanderten aus, der Rest zog sich in die Berge zurück, um von dort aus den Aufstand gegen die neuen Herrscher zu proben.

Zwar war Friedrich der arabischen Kultur durchaus gewogen, er unterhielt eine arabische Leibwache und ließ in Palermo einen prächtig gewebten Krönungsmantel mit arabischer Inschrift fertigen, der zu den Reichsinsignien zählt und bis zum Ende des Heiligen Römischen Reichs Deutscher Nation bei fast keiner Kaiserkrönung fehlte. Aber die ständige Bedrohung auf seiner Wahlheimatinsel ermüdete Friedrich. Um seine Ruhe zu haben, ließ er am Ende 30.000 Muslime deportieren und siedelte sie in Apulien an, wo eine letzte Blütezeit des Islam auf italienischem Boden anbrach. Doch Apulien stellte schon immer ein begehrtes Ziel für die verschiedensten Eroberer dar, sodass die Zeit der Sarazenen auch hier bald ein Ende nahm.

Überall in Italien findet man noch heute die Spuren der arabischen Freibeuter. Zahlreiche Bauwerke zeigen ihren architektonischen Einfluss, wie zum Beispiel der Markusdom in Venedig, der natürlich auch durch die Handelskontakte mit Byzanz geprägt ist. Auf Sizilien kristallisierte sich sogar ein einzigartiger arabisch-byzantinisch-normannischer Baustil heraus, wie er sich beispielsweise in der Kirche San Giovanni in Palermo widerspiegelt. Der Normannenpalast von Palermo ist ein umgebauter Emirssitz, der städtische Dom diente einst als Moschee. Der Goldglanz der Mosaiken im Dom von Monreale oder am Dom von Amalfi erinnert an prachtvollen arabischen Prunk, die Formen der sich an den Hängen hinaufziehenden Häuser von Küstenstädtchen wie Positano zeigen genauso arabischen Einfluss wie die Trulli Apuliens, die an die Zelte der Berber erinnern. Und die zahlreichen Sarazenentürme an den Küsten Italiens erinnern an das Frühwarnsystem, das vor 1.000 Jahren auf drohende Überfälle vorbereitete.

Doch wie steht es heute um die Muslime in Italien? Etwa 1,2 Millionen leben dort, verglichen mit Deutschland (ca. 4,7 Mio.) relativ wenige. Sie sind meist marokkanischer Herkunft, gefolgt von den Albanern, die zu etwa zwei Dritteln Moslems sind. Im streng katholischen Italien haben sie keinen allzu leichten Stand. Hinzu kommt, dass Italiens früherer Ministerpräsident Berlusconi, nicht gerade für kluge Diplomatie bekannt, während seiner Amtszeit die islamische Welt als „minderwertig" gegenüber dem christlichen Abendland bezeichnete. Die auch in Italien lautstarken Populisten, welche die durch den Krieg in Syrien rasant gestiegene Zahl muslimischer Flüchtlinge für ihre fremdenfeindliche Propaganda missbrauchen, und die Terroranschläge des IS schüren zudem die Angst vor islamistischem Fundamentalismus. Es gibt eine Moschee in Palermo und eine in Rom, als aber im toskanischen Colle di Val d'Elsa eine Moschee mit Minarett gebaut werden sollte, legten Bürger einen Schweinekopf in die Baustelle, um sie zu entweihen. Auch in Italien ist der Weg zu gegenseitiger Toleranz steinig.

Wenn aber in Palermo die traditionellen Puppenspieler ihre berühmten Figuren hervorholen, dann werden sie wieder lebendig, die gar nicht so guten alten Zeiten. Wild dreinblickende Sarazenen in bunten Kleidern stürmen mit rasselnden Säbeln auf die Bühne und überfallen die Dorfbewohner, wie es vor 1.000 Jahren in der grausamen Realität geschah. Heute dagegen ist es nur noch ein lustiges Puppenspiel, an dem sich die Zuschauer erfreuen.

Zuppa saracena – Sarazenensuppe

Zutaten für 4 Personen:

200 g Kichererbsen aus der Dose (abgetropft)
10 Tomaten
2 Zwiebeln
2 Knoblauchzehen
4 El Tomatenmark
2 El gehackte Blattpetersilie
150 g Mehl
5 getrocknete Limonen (limo amani, in arabischen und persischen Läden oder im Internet erhältlich)
Olivenöl
Mehl für die Arbeitsfläche
Salz
Pfeffer

Zubereitung:

Die Tomaten mit kochendem Wasser überbrühen und enthäuten, dann entkernen und in Würfel schneiden. Die Zwiebeln und den Knoblauch schälen und fein würfeln. In einem Suppentopf einen Schuss Olivenöl erhitzen, Zwiebeln und Knoblauch darin kurz anbraten. Die Tomaten hinzugeben und 10 Minuten lang bei geringer Hitze köcheln lassen, dabei gelegentlich rühren.

Anschließend mit dem Passierstab pürieren und mit 1 l Wasser aufgießen. Das Wasser zum Kochen bringen und die angestochenen Limonen beigeben. Das Tomatenmark unterrühren. Mit Salz und Pfeffer abschmecken, die Hitze reduzieren und das Ganze zugedeckt ½ Stunde lang köcheln lassen.

Das Mehl mit 5 EL Wasser, 2 EL Olivenöl und etwas Salz zu einem geschmeidigen Teig verarbeiten (der Teig soll nicht an den Händen kleben, eventuell etwas Mehl nachgeben). Anschließend den Teig auf der eingemehlten Arbeitsfläche dünn ausrollen und mit einem schmalen Glas Kreise ausstechen, den restlichen Teig erneut kneten, wieder ausrollen und ausstechen, bis kein Teig mehr übrig bleibt. Auf die Hälfte der Kreise jeweils ein paar Kichererbsen legen, mit Pfeffer und Salz würzen, dann je einen Teigkreis darauflegen, an den Rändern anfeuchten und fest zusammendrücken.

Die Limonen in der Suppe ausdrücken und aus dem Topf nehmen. Die Teigtaschen hineingeben und so lange bei geringer Hitze ziehen lassen, bis sie oben schwimmen. Die restlichen Kichererbsen ebenfalls hinzugeben und erhitzen. Vor dem Servieren mit der Petersilie bestreuen.

Der wilde Süden – die Cowboys der Maremma

Vieles mögen Sie mit Italien verbinden, aber an eines denken Sie bestimmt nicht: an den Wilden Westen. Und doch, die Vielfalt dieses Landes hält auch hier eine Überraschung bereit: echte Cowboys in Europa? Der Italowestern lebt!

Im Süden der Toskana liegt die Maremma, das legendäre Land der Etrusker, eine reizvolle Gegend mit kilometerlangen feinsandigen Stränden, Bergen, endlosen Pinienwäldern, Thermalquellen und Naturparks. Die Landschaft blieb vielerorts wild und ursprünglich erhalten, denn die moskitoreichen Sümpfe machten es schwierig, das Land zu kultivieren, auch wenn es im Lauf der Jahrtausende immer wieder versucht wurde. Die ersten Trockenlegungsarbeiten gehen auf die Etrusker zurück, die Siedlungen in der Maremma gründeten. Weiter ging es in altrömischer Zeit, als Entwässerungsmaßnahmen die wirtschaftliche Blüte einiger Küstengebiete ermöglichten. Nach dem Fall des Römischen Reichs verwahrloste und versumpfte das Land aber erneut. Erst im 19. Jahrhundert wurden wieder Trockenlegungen vorgenommen, doch bis heute blieben die Sümpfe vielerorts bestehen. Deshalb hat sich hier eine ganz besondere Art der Viehzucht entwickelt: Freilaufende Herden von Rindern und Pferden durchstreifen das Land.

Die Hüter dieser Herden sind die Butteri, berittene Viehhirten. Ihre Pferde heißen Maremmanos, diese sind robust und perfekt an ihre sumpfige Umwelt angepasst. Schon die Etrusker wussten die kleinen, ausdauernden Pferde zu schätzen, die mit Hitze, Mücken, kaltem Wind und Regen umgehen können. Im Lauf der Jahrhunderte mischte sich arabisches und spanisches Blut in die Rasse, heute sind die Rappen und Braunen für Mut, Ausdauer, Vielseitigkeit, Ausgeglichenheit und Menschenfreundlichkeit bekannt. Das Maremma-Pferd als treuer Kamerad seines Buttero zeichnet sich darüber hinaus durch seine besondere Kenntnis des Gebiets aus, es weiß, wo es hingehen und welche Wege es dabei nehmen muss, wo die Macchia durchdringbar ist und wo der Sumpfboden durchwatet werden kann.

Im größten Naturpark der Toskana bei Alberese, dem Parco Regionale della Maremma, leben die meisten dieser Pferde zusammen mit den charakteristischen weißen Rindern der Region in fast unberührter Natur. Hier gibt es auch Wildschweine, Stachelschweine und Damwild, vor allem aber seltene Vogelarten. Das ganze Jahr über kann man die halbwilden Pferde beobachten. Wird es ihnen zu heiß und quälen die Mücken sie zu sehr, dann nehmen sie ein Bad im Fluss oder im Meer. Sie leben völlig frei, doch ständig überzeugen sich die Butteri vom Wohlergehen ihrer Herden und leisten Hilfe, wo es nötig ist. Jedes Jahr fangen sie Jungtiere ein, die sie als Reittiere ausbilden, und die mittlerweile von Sport- und Freizeitreitern geschätzt werden.

Auch die langhornigen weißen Rinder der Razza Maremmana, die als eine der letzten reinrassigen Rinderrassen Europas gelten, durchstreifen den Naturpark in großen Herden. Diese Rinder wurden traditionell zur Milchproduktion und als Arbeitstiere genutzt, nur einige ausgewählte Kühe dienten der Kälberzucht und der Schlachtung. Doch die Industrialisierung der Landwirtschaft im Lauf des letzten Jahrhunderts schadete dieser traditionellen Art der Rinderhaltung sehr. Erst heute besinnt man sich durch die Aufwertung traditionsbewusster bäuerlicher Kultur und die steigende Nachfrage nach qualitativ hochwertigen Lebensmitteln wieder auf die alten, bodenständigen Rassen. Denn mit deren Aussterben gehen auch ihre besonderen Eigenschaften verloren, zum Beispiel die robuste Konstitution, ihre Genügsamkeit, Langlebigkeit, hohe Fruchtbarkeit und Widerstandsfähigkeit gegen Krankheiten.

Die Butteri, die Cowboys der Maremma, kontrollieren ihre frei lebenden Herden täglich. Diese akzeptieren die Männer auf ihren Pferden als ranghöhere Wesen, vor Zweibeinern hingegen hätten sie Angst und würden die Flucht ergreifen. Die Herden organisieren sich selbst und haben ihre festen sozialen Regeln. So leben beispielsweise die Stiere in Gruppen zusammen, die meiste Zeit des Jahres getrennt von den Kühen. Die Razza Maremmana mit ihren auffälligen Hörnern gleicht dem mythischen Rind der Antike, und tatsächlich sind die Tiere seit der Zeit der Etrusker hier beheimatet. Sie ernähren sich von dem, was sie in der Natur finden, zugefüttert wird nur in Zeiten von sehr hoher Trockenheit. Unterstände bieten Schutz bei extremen Witterungsverhältnissen. Das Maremmana-Rind braucht Platz und Freiheit, es könnte in Intensivhaltung nicht überleben.

In den großen Landwirtschaftsbetrieben, den Aziende Agricole, kann man die Butteri bei ihrer Arbeit mit den Rinder- und Pferdeherden sehen. Eine Hand am Zügel, in der anderen den langen Hirtenstab, den „Uncino“ – seit Jahrhunderten hat sich am lässigen Reitstil der Butteri nichts geändert. Mithilfe des Uncino werden die Tiere geleitet und Gatter geöffnet. Der typische Hut des Buttero ähnelt den amerikanischen Cowboyhüten, der lange Mantel, der bei schlechtem Wetter getragen wird, besteht aus mit Leinöl wasserdicht gemachtem Leinen.

Zwei typische Sättel gibt es: die „Scafarda", ein modifizierter und äußerst bequemer ehemaliger Militärsattel, konstruiert auf einem hölzernen Sattelbaum, und die etwas einfachere, aber nicht weniger bequeme „Bardella".

Die Butteri waren seit jeher unersetzbar in der freien maremmanischen Pferde- und Rinderzucht. Sie wirken wie der Urtyp des klassischen „lonesome cowboy", der mit seinem Pferd in der wilden Natur auf sich selbst gestellt ist.

Für seine harte Arbeit muss ein Buttero viele Fähigkeiten beherrschen: das Zähmen der Pferde, die spezielle Reittechnik, das Separieren von Tieren und das Eintreiben der Herde, das Kontrollieren und Aussortieren der Kälber und Fohlen. Sein langer Arbeitstag beginnt schon in der Morgendämmerung, wenn der Buttero eines der Reitpferde einfängt, um es für die Arbeit zu satteln. Die alltäglichen Aufgaben sind das Kontrollieren, Zählen, Treiben und oft auch das Wiedereinfangen von Tieren in den Weiten der Landschaft, die der Buttero kennen muss wie seine Westentasche. Diese Arbeit ist mühsam, jedoch nicht zu vergleichen mit den Zeiten im Jahr, wenn die Pferde fohlen und die Rinder kalben, wenn Tiere geimpft und entwurmt werden müssen, wenn am ersten Wochenende im August die Brandzeichnung ansteht oder wenn junge Pferde zugeritten werden müssen.

Große Aufmerksamkeit erlangte die Geschichte einer Begegnung der Butteri mit einer der Cowboy-Legenden Amerikas: Im Jahre 1890, als sich Buffalo Bill mit seinen Cowboys auf Tournee durch Europa befand, besuchte auch ein italienischer Graf ihre Show. Diesem kam die Idee, einen Wettstreit zwischen den amerikanischen Cowboys und den maremmanischen Butteri zu veranstalten. Die italienischen Cowboys sollten dabei die Tiere der Amerikaner zähmen und umgekehrt. Dem Gewinner winkte ein Preis von 1.000 Lire, was heute etwa

5.000 Euro entsprechen würde, dazu noch die Einnahmen der verkauften Eintrittskarten für das Turnier, das in Rom stattfand. Da man aber nicht daran gedacht hatte, vorab die Regeln zu bestimmen, gab es am Ende keinen Gewinner. Während die anderen noch stritten, soll Buffalo Bill einen unbeobachteten Moment genutzt haben, um mit dem gesamten Geld auszureißen. Später behauptete er kurzerhand, dass er betrogen worden sei.

Wer selbst in die Atmosphäre des „wilden Südens" eintauchen möchte, dem bieten sich einige Gelegenheiten, den Butteri bei ihrer Arbeit zuzusehen. Mehrmals im Jahr finden große Viehtriebe statt, die sogenannte „Transumanza". Auf zahlreichen maremmanischen Gutshöfen stellen Rodeos und Reiterspiele die alten Traditionen vor und unterhalten die Besucher mit waghalsigen Vorführungen. Wer möchte, kann sich sogar selbst in den Sattel schwingen und die Butteri einen Tag lang bei der Arbeit begleiten. Und dabei den „wilden Süden" hautnah kennenlernen.

Brassato maremmano – Rinderschmorbraten aus der Maremma

Zutaten für 4 Personen:

1½ kg Rinderbraten aus der Hüfte
4 Zwiebeln
4 Knoblauchzehen
200 g Möhren
200 g mehlig kochende Kartoffeln
4 Tomaten
15 g getrocknete Steinpilze
3 El Tomatenmark
650 ml Rinderfond
650 ml trockener Rotwein
3 Lorbeerblätter
2 Zweige Rosmarin
2 Zweige Thymian
Olivenöl
Salz
Pfeffer

Zubereitung:

Die Pilze 10 Minuten in warmem Wasser einweichen. Ausdrücken und klein schneiden. Zwiebeln, Knoblauch, Möhren und Kartoffeln schälen, alles in grobe Stücke schneiden. Das Fleisch mit Salz und Pfeffer würzen. In einem Bräter Olivenöl erhitzen und das Fleisch rundum scharf anbraten. Lorbeerblätter, alles geschnittene Gemüse, Tomatenmark sowie Pilze zugeben und kurz mit anrösten. Mit dem Fond und 250 ml Wein ablöschen, salzen, pfeffern, aufkochen und 5 Minuten köcheln lassen. Nun im Backofen bei 180°C 1½ Stunden im geschlossenen Bräter, danach 1½ Stunden ohne Deckel garen. Dabei nach und nach den restlichen Wein zugeben und das Fleisch damit übergießen. Die Tomaten würfeln und mit den Kräuterzweigen 30 Minuten vor Garzeitende zugeben. Das Fleisch nach Ende der Garzeit 10 Minuten in Alufolie eingewickelt ruhen lassen. Währenddessen den Schmorfond auf dem Herd einkochen lassen, Lorbeerblätter und Kräuterzweige entfernen. Das Fleisch aufschneiden und mit dem Schmorfond und dem Gemüse anrichten. Mit Weißbrot servieren.

Warum ist die Gondel krumm? – Von Gondeln, Gondolieri und Frauen

Letztens in Venedig musste ich mir die Augen reiben und noch einmal hinsehen. Zu unglaublich schien mir, was ich sah. War das tatsächlich eine Frau, die die schlanke Gondel durch den schmalen Kanal manövrierte? Noch dazu eine ansehnliche Blondine? Das konnte ja nun nicht sein.

Denn jeder weiß, dass der Beruf des Gondoliere in Venedig von den starren Regeln jahrhundertealter Traditionen bestimmt ist, über die eine Innung mit unnachgiebiger Härte wacht. Gut 400 Mitglieder hat diese altehrwürdige Gesellschaft. Und muss ich erwähnen, dass alle Mitglieder Männer sind? Sie sind Inhaber der begehrten Lizenzen, die sie dazu berechtigen, den Titel des „Gondoliere" zu tragen und eine Gondel durch Venedig zu steuern. Die Zahl der Lizenzen ist streng limitiert, eine neue Lizenz kann man nur erwerben, wenn ein Gondoliere in Rente geht oder seine Lizenz aus sonstigen Gründen abgibt. Zuvor muss man eine Aufnahmeprüfung bestehen, eine anderthalbjährige Ausbildung absolvieren und anschließend die Fahrprüfung ablegen.

Dann kann es endlich losgehen. War es früher so, dass jeder Gondoliere seine eigene Gondel besaß, so werden heute auch oftmals Gondolieri von Gondelbesitzern zu Saisonzeiten angestellt. Die original venezianischen Gondeln bauen nur wenige Betriebe nach althergebrachter Tradition. Dazu benötigt man neun verschiedene Hölzer. Das Angebot einer süditalienischen Werft, Venedig mit billigeren Gondeln aus Plastik zu versorgen, wurde von der Stadt empört zurückgewiesen.

Der Name „Gondola" bezeichnete ursprünglich ein flaches Boot, das für Fahrten auf seichten Gewässern Verwendung fand. So hat man schon das Boot genannt, das den ersten Dogen Venedigs im Jahre 687 über die Wasser trug. Ob diese Gondola aber Ähnlichkeit mit den heutigen Gondeln besaß, wissen wir nicht. Ab dem 16. Jahrhundert avancierte die Gondel zum Statussymbol des reichen Venedigs. Etwa 10.000 Gondeln bevölkerten damals die Kanäle – heute sind es nur noch etwa 450. Und auch äußerlich unterschieden sich die Gondeln der damaligen Zeit gewaltig von den heutigen. Denn ein jeder wollte zeigen, was er hat und was er sich leisten kann, deshalb überschlugen sich die Venezianer im Auftrumpfen mit immer bunteren und immer prachtvoller geschmückten Gefährten. Das ging so lange, bis 1562 der Doge ein Machtwort sprach und den Gondeln einen einheitlichen schwarzen Anstrich verordnete – sehr zum Wohlgefallen des Klerus, dem das prunkvolle Gehabe der selbstbewussten Bewohner der Seerepublik missfiel. Die heute übliche Gondelkonstruktion gibt es erst seit den Achtzigerjahren des 19. Jahrhunderts.

Der Bau des etwa elf Meter langen und anderthalb Meter breiten Gefährts beansprucht an die 500 Arbeitsstunden. Wenn die 500 Kilogramm schwere neue Gondel bereit dazu ist, ins Wasser zu gleiten, kostet sie etwa 30.000 Euro. Sie ist krumm wie eine Banane, denn das Gewicht des hintenstehenden Gondoliere wird durch diese geschickte Technik ausgeglichen. Im Wasser wird die Gondel mit der Zeit allerdings immer gerader, weshalb nach einigen Jahren eine Generalüberholung nötig ist und nach etwa drei Jahrzehnten nur noch die Verschrottung – oder besser Verholzung – bleibt.

Als Gegengewicht zum Gondoliere ist am Bug der sogenannte „ferro“ angebracht, ein schwerer Metallbeschlag, der oben in einer Art Horn endet und an die Kopfbedeckung der Dogen erinnert. Die linke Seite ist stärker gewölbt und höher als die rechte, wodurch der einseitige Vorwärtstrieb ausgeglichen wird. Denn die Gondel wird mit einem einzigen steuerbordseitigen Ruder bewegt, dem „remo“. Das Ruder liegt in einer Holzgabel, der „forcula“, die von nur zwei kleinen Spezialbetrieben hergestellt wird.

Im Manöver durch die teils sehr engen und winkeligen Fahrgassen nutzt der Gondoliere neben dem Ruder mitunter auch sein Bein, um sich von Mauern oder von anderen Fahrzeugen abzustoßen, und wenn es unter niedrigen Brücken hindurchgeht, dann verlagert er sein Gewicht und legt die Gondel auf Schlagseite. Gondelfahren ist ein mühsames und kräftezehrendes Geschäft, was den Gondolieri gern als Argument dafür dient, dass Frauen für diese Arbeit nicht geeignet sind.

Die wenigen Frauen, die bisher mit dem Beruf des Gondolieres liebäugelten, unterstellen den strohhuttragenden Machos im Seemannshemd aber noch ein anderes Motiv, warum sie Frauen in ihrem Berufsstand so vehement ablehnen: Der Beruf des Gondoliere ist ausgesprochen lukrativ. Eine etwa dreiviertelstündige Gondelfahrt ohne Gesang kostet rund 100 Euro. Während der Saison sind Tageseinnahmen von 500 Euro leicht zu erzielen, von denen, so wird gemunkelt, ein Großteil am italienischen Fiskus vorbeigeschleust wird.

Die Hamburgerin Alexandra Hai bemühte sich jahrelang darum, in den Besitz einer der begehrten Lizenzen zu kommen. Fünfmal fiel sie durch die Prüfung, was sie – neben ihrer Nervosität – darauf zurückführte, dass schon vorab unter der Hand festgelegt wurde, wer eine der Zulassungen erhalten würde. Und trotzdem steuerte Alexandra Hai eine Gondel durch Venedig. Denn zeitweise hatte sie eine Hotelkette als Gondelführerin engagiert. Freilich durfte sie sich nicht „Gondoliere“ nennen und ausschließlich Hotelgäste befördern. Das war zwar auch ohne Gondelführerschein erlaubt, erregte jedoch den heftigsten Widerstand der Innung der Gondolieri. So jagten sie die Konkurrentin durch die Instanzen der Justiz. Zuletzt entschied das Oberste Verwaltungsgericht von Venetien zu Gunsten der Frau. Das Problem hat sich inzwischen allerdings insofern erledigt, als aus Alexandra Hai dank einer Geschlechtsumwandlung Alex Hai geworden ist.

Aber die Frauen geben nicht auf. Giorgia Boscolo hat es geschafft: Sie bestand die Aufnahmeprüfung und wurde als erste Frau der Geschichte zur Gondoliera ausgebildet. Schon als Kind hatte sie damit begonnen, ihrem Vater nachzueifern, der als Gondoliere arbeitete. Nach Bestehen der Fahrprüfung und einem praktischen Jahr als Kopilotin darf sie schon seit August 2010 alleine Gondeln durch Venedig fahren. Die Zunft der Gondoliere beobachtet ihr Streben mit gemischten Gefühlen. Denn obwohl Frauen in Italien laut Verfassung die Freiheit der Berufswahl genießen, so hüten doch gerade italienische Machos ihre Domänen aufs Strengste vor weiblicher Unterwanderung.

Grund zum Unmut gab gewiss auch die Tatsache, dass Boscolo im Handumdrehen zum gefragtesten Gondoliere Venedigs avancierte. Bleibt zu hoffen, dass die Emanzipation auch weiterhin vor dem Canale Grande nicht Halt macht. Denn ich finde, dass die blonde Gondoliera für Venedig eine ganz besondere Attraktion ist.

Calamari alla veneziana – Tintenfisch auf venezianische Art

Zutaten für 4 Personen:

1000 g Tintenfisch (Calamari, ersatzweise 700 g Tintenfischteile)
300 ml Weißwein
250 ml Fischfond
2 Zwiebeln
2 Knoblauchzehen
2 kleine Peperoni
ein kleines Bund Blattpetersilie
8 EL Olivenöl
2 EL Tomatenmark
Salz
Pfeffer

Zubereitung:

Die Tintenfische putzen. Kopf und Innereien aus der Fischhülle herausziehen und entfernen, die Tentakel abschneiden und in etwa 2 cm große Stücke schneiden. Die Fischhülle gut waschen und in Streifen von circa 2 x 3 cm schneiden. Zwiebel und Knoblauch schälen und fein hacken. Die Peperoni entkernen, die Petersilienblättchen abzupfen und aufrollen, dann beides in dünne Streifen schneiden. Das Öl in einer großen Pfanne erhitzen, Zwiebeln, Knoblauch und Peperoni darin 2 Minuten anbraten. Die Tintenfischteile zugeben und 3 Minuten lang anschmoren. Den Weißwein darübergießen und aufkochen lassen, bis die Hälfte der Flüssigkeit verdunstet ist. Nun den Fischfond zugeben. Petersilie und Tomatenmark unterrühren, mit Salz und Pfeffer würzen und gut umrühren. Bei geringer Hitze zugedeckt köcheln lassen.

Kleine Calamari benötigen insgesamt ca. 15 Minuten, größere ca. 30 Minuten. Kocht man sie zu lange, werden sie zäh, also am besten zwischendurch mal probieren.

Dazu reicht man gebratene Polenta oder wahlweise frisches Weißbrot.

Zwischen Realität und Anspruch – die Frau in Italien

Sie ist eine typische italienische Mama, so wie man sie sich vorstellt. Wir wollen sie mal Amalia nennen, sie ist 56 Jahre alt, rundlich, gemütlich, und sie steht mit Leidenschaft in der Küche. Schon morgens bereitet sie den Pastateig, kocht die Bolognese, hackt das Basilikum fürs Pesto, brät die Auberginenscheiben für die Parmigiana. Denn außer ihrem Mann Rodolfo wird auch Gilberto, ihr Sohn, zum Mittagessen nach Hause kommen, und beide bringen einen ordentlichen Appetit mit. Dann gibt es ein Menü mit drei Gängen, und zum Abend natürlich auch. Amalia ist nicht berufstätig, sie ist eine Hausfrau mit Leib und Seele.

Gilberto ist 32 Jahre alt, aber er ist unverheiratet und wohnt noch zu Hause. Er ist einer der vielen „bamboccioni", der „Nesthocker", nichts Ungewöhnliches in Italien, wo die Hälfte der 18- bis 39-Jährigen noch mit den Eltern zusammenwohnt. Der Grund dafür ist vielfach Bequemlichkeit, aber auch finanzielle Probleme stecken dahinter, denn 60 Prozent der arbeitslosen Italiener sind unter 30. Gilberto freilich hat andere Gründe, denn er arbeitet in der Stadtverwaltung und verdient ein leidliches Auskommen. Doch auf die regelmäßigen köstlichen Mahlzeiten, auf das gemachte Bett und den geordneten Haushalt möchte er nicht verzichten. Eine Frau hat er noch nicht gefunden. Jedenfalls keine, die ihm diesen Service bieten würde. Denn die jungen Italienerinnen sind gebildet und stellen andere Erwartungen an ihr Leben als ihre Mütter. Zwar sind in Italien noch immer deutlich weniger Frauen berufstätig als im europäischen Durchschnitt, doch ist der Trend gerade bei den jungen Frauen nicht mehr aufzuhalten.

Gilbertos Schwester Aurelia ist vor zwei Jahren zu Hause ausgezogen. Sie ist jetzt 30 Jahre alt, und auch sie hätte das bequeme Elternhaus wohl kaum verlassen, wenn sie nicht mit ihrem langjährigen Freund Romano in eine andere Stadt gezogen wäre. Die beiden leben ohne Trauschein zusammen, ein Umstand, der im konservativen Italien bis vor einigen Jahren völlig undenkbar gewesen wäre. Die althergebrachten Strukturen sitzen noch fest in den Köpfen, und besonders im Süden Italiens fällt es den Menschen schwer, sich mit neuen Lebensweisen anzufreunden. Dazu trägt auch die Kirche bei, die Frauen am liebsten in die drei berühmten K – Kinder, Küche, Kirche – eingebunden sieht und dies auch immer wieder predigt. Und im erzkatholischen Italien haben die Worte des Pfarrers noch immer entscheidendes Gewicht. Entsprechend schwer tut sich die Emanzipation. Berufstätige, unabhängige Frauen werden mit Argwohn betrachtet, wer ohne Trauschein mit einem Partner zusammenlebt oder gar ein nicht eheliches Kind hat, der hat einen schweren Stand.

Aurelia und Romano haben noch keine Kinder. Das liegt daran, dass Aurelia berufstätig ist. Ihr Job als Journalistin macht ihr Spaß, obwohl sie weiß, dass sie rund 200 Euro weniger für ihre Arbeit bekommt als ihre männlichen Kollegen. Dass Frauen spürbar weniger als Männer verdienen, ist in Italien üblich, trotzdem sind die meisten Frauen mit der Situation zufrieden. Würde Aurelia aber schwanger, so müsste sie ihren Arbeitsplatz aufgeben. So steht es in ihrem Arbeitsvertrag, und auch das ist in Italien nicht ungewöhnlich. Außerdem wird die Zeit des Mutterschutzes nicht auf die Rente angerechnet.

Hätte sie diese Probleme nicht und bekäme ein Kind, so stünde sie vor der nächsten Schwierigkeit: Wenn sie ihren Beruf weiter ausüben möchte, dann braucht sie eine Betreuung für ihr Kind. Die Oma hätte zwar Zeit, aber sie wohnt weit weg. Das Klischee der italienischen Großfamilie, in der die Generationen sich gegenseitig unterstützen, ist vielerorts längst Geschichte. Der Staat baut aber noch immer auf die alten Muster und agiert gegenüber dem Privatleben der Bürger nach dem Motto: so wenig Staat wie möglich. Deshalb gibt es fast keine Krippenplätze in Italien und auch zu wenig Kindergartenplätze. Aurelia und ihr Partner müssten also das Geld für ein rumänisches oder ein philippinisches Kindermädchen aufbringen, was bei den hohen Miet- und Lebenshaltungskosten kaum zu bewerkstelligen ist. Kein Wunder also, dass Italien mit seiner Geburtenrate im europäischen Vergleich ganz unten rangiert.

Wenn man nun weiß, dass den jungen Italienerinnen ihre berufliche Unabhängigkeit vielfach wichtiger ist, als Kinder zu bekommen, dann fragt man sich natürlich, wie die Karrieren der Frauen verlaufen. Der Prozentsatz der Studentinnen steigt beständig, und es sind vorwiegend Frauen, die innerhalb der Regelstudienzeit fertig werden. Frauen üben immer qualifiziertere Tätigkeiten aus, doch findet man sie selten in Führungspositionen. Nur langsam steigt die Zahl weiblicher Abgeordneter im Parlament. Auch in Italien wird über eine Frauenquote diskutiert, erstaunlicherweise sind es aber ausgerechnet die Frauen selbst, vornehmlich die älteren, die ihr Fortkommen boykottieren. So folgte die rechtspopulistische Lega Nord der verordneten Frauenquote bei einer Kommunalwahl, doch nach der Wahl traten alle gewählten Frauen geschlossen zurück, um den Männern Platz zu machen.

Die Italienerin steckt in einer Zwickmühle. Einerseits möchte sie sich emanzipieren und ein selbstbestimmtes Leben führen. Andererseits verbreiten die Medien seit Jahren in Italien ein chauvinistisches Frauenbild. Eine wichtige Rolle spielte dabei Medienmogul Silvio Berlusconi, dessen bizarres Frauenbild ja dank seiner öffentlichkeitswirksamen Privatpartys und ungenierten Macho-Sprüche wohlbekannt ist. Gerne zeigt das italienische Fernsehen angegraute Moderatoren im Maßanzug, um die sich blutjunge langbeinige Schönheiten scharen, deren wesentlicher Beitrag zur Sendung darin besteht, devot zu lächeln und möglichst spärlich bekleidet zu sein. Diese Stripclub-Ästhetik zieht sich programmatisch durch das gesamte italienische Fernsehen, so fallen selbst in die Jahre gekommene Nachrichtenmoderatorinnen durch stark vergrößerte Brüste und grotesk aufgespritzte Lippen auf. Das Frauenbild, das hier propagiert wird, sitzt dank beständiger Wiederholung tief in den Köpfen: Sie muss hübsch aussehen und ein Dummchen sein. Da hilft es wenig, wenn Intellektuelle dagegen aufbegehren und damit argumentieren, dass auch der Mann durch dieses Frauenbild zum hirnlosen, triebgesteuerten Blödmann degradiert wird.

Auch die wenigen Frauen, die mit ihrer politischen Karriere in Italien erfolgreich sind, spiegeln gerne das typische Bild des Sexhäschens. Wer erinnert sich nicht an Ilona Staller, die sich den Künstlernamen „Cicciolina“ – zu vergleichen mit „Schnuckelchen“ – gab und als Pornodarstellerin Karriere machte? Im Anschluss an diese Berufslaufbahn saß sie fünf Jahre lang im römischen Parlament. Und ganz in dieser Tradition machte Berlusconi während seiner Amtszeit als Ministerpräsident ausgerechnet eine Frau zu seiner Gleichstellungsbeauftragten, die vorher als Nacktmodel posiert hatte und im Fernsehen ihren Rock weit genug nach oben gleiten ließ, um zu zeigen, dass sie darunter nichts trug. Selbst seriöse Frauen scheinen vor der Allmacht dieses Frauenbildes zu kapitulieren: Die ehemalige Parlamentspräsidentin Irene Pivetti, die stets durch geradlinigen Konservatismus und strenge Kleidung auffiel, die gegen Sex vor der Ehe und Abtreibungen wetterte, moderierte später in knappem Lederoutfit eine Schönheits-OP-Show.

Zwischen der Mama in der Küche, über viele Jahrzehnte das von allen respektierte Familienoberhaupt, dem sich selbst der gestrenge Papa letztendlich beugte, und dem sexy Mäuschen im Fernsehen, zwischen Heiliger und Hure, fällt es den Italienerinnen schwer, den Weg zu einem modernen Frauenbild zu finden. Denn hierzu bedarf es auch einer Veränderung der italienischen Männer, deren Macho-Gehabe die Gesellschaft noch immer prägt. Zwar sind Männer und Frauen formal gleichgestellt. Seit 1963 dürfen Frauen im öffentlichen Dienst tätig sein, seit 1968 werden Ehebrecherinnen nicht mehr zu Haftstrafen verurteilt. Seit 1970 kann man sich in Italien scheiden lassen, seit 1978 ist die Abtreibung mit Fristenregelung erlaubt, seit 1996 gilt eine Vergewaltigung als Vergehen gegen die Frau und nicht mehr bloß als eines gegen die öffentliche Moral. Frauen, die den Vornamen „Maria" tragen, dürfen allerdings in Italien nicht als Prostituierte tätig werden. Seit den Neunzigerjahren gibt es zwar eine staatliche Gleichstellungspolitik, Gender Mainstreaming ist aber in der öffentlichen Diskussion kein Thema.

Kehren wir noch einmal zurück zu Amalia, Rodolfo und Gilberto. Nach dem Abendessen blättert Rodolfo noch im „Corriere della Sera". Ein Artikel beschäftigt sich mit den „bamboccioni", den Nesthockern. Der frühere Minister Brunetta, der einräumt, selbst erst mit 30 das Elternhaus verlassen zu haben, machte den Vorschlag, erwachsenen Kindern, die zu Hause ausziehen, monatlich eine Prämie von 200 bis 500 Euro zu zahlen. Natürlich hat der italienische Staat hierfür kein Geld, deshalb sollten zur Finanzierung kurzerhand die Renten gekürzt werden. Rodolfo schüttelt den Kopf, erreicht er doch selbst im nächsten Jahr das Rentenalter. Weniger Geld? Nein, dann behält er lieber seinen Sohn im Kinderzimmer!

Penne all' arrabiata – Nudeln nach Art der zornigen Frau

Zutaten für 4 Personen:

500 g Penne
500 g Tomaten
100 g durchwachsener Speck
1 Bund glatte Petersilie
2 rote Chilischoten
1 Zwiebel
2 Knoblauchzehen
frisch geriebener Parmesan
4 El Olivenöl
Salz
Pfeffer

Zubereitung:

Den Speck in kleine Würfel schneiden. Die Tomaten mit kochendem Wasser überbrühen, häuten und entkernen, das Fruchtfleisch in Stücke schneiden und pürieren. Die Petersilienblättchen abzupfen und hacken, die Zwiebeln schälen und würfeln, die Chilischoten entkernen, die Knoblauchzehen häuten, beides fein hacken.

In einer großen Pfanne das Olivenöl erhitzen. Speck und Zwiebeln hineingeben und bei mittlerer Hitze unter Rühren 5 Minuten anbraten. Knoblauch, Tomatenpüree und Chili unterrühren, mit Salz und Pfeffer würzen. Bei milder Hitze weiter köcheln lassen.

In einem Topf 2 Liter Salzwasser aufkochen und die Penne darin 5 Minuten vorgaren, dann abschütten, dabei vom Kochwasser eine Tasse zurückbehalten.

Die noch heißen Penne unter die Sauce mischen. Das Ganze auf kleiner Flamme weiterköcheln lassen, bis die Nudeln al dente, also bissfest, sind. Wenn nötig, vom Penne-Kochwasser nachgießen. Mit Salz und Pfeffer abschmecken.

In tiefen Tellern anrichten und mit der Petersilie bestreuen, dazu den geriebenen Parmesan servieren.

Dallas am Arno – Gucci und der Gucci-Clan

Herausragendes Design hat eine unverwechselbare italienische Art von Eleganz geschaffen, die aus der Welt des Glamours nicht mehr wegzudenken ist. Einer der edelsten Namen dieser Welt ist Gucci, verbunden mit Assoziationen an Luxus, Schönheit und Eleganz. Doch die Geschichte des Hauses Gucci ist keineswegs ein Spiegel des italienischen Dolce Vita, sie erinnert in weiten Strecken mehr an ein Familiendrama vom Ausmaß amerikanischer Seifenopern aus den Achtzigerjahren des letzten Jahrhunderts.

Alles begann, als zu Anfang des 20. Jahrhunderts der erst 23-jährige Guccio Gucci in Florenz eine kleine auf die Herstellung von Reitsportartikeln spezialisierte Sattlerei gründete. Der Laden existierte allerdings nicht lange. Guccio verbrachte die nächsten Jahre in London, wo er sich als Liftboy und Maître d'Hotel im noblen Savoy Hotel verdingte. Hier knüpfte er die entscheidenden Kontakte zur Modewelt und entwickelte sein Gespür für Schönheit und Ästhetik. Vor allem aber wurde ihm klar, dass der Beginn des Reisezeitalters einen riesigen Bedarf an Koffern, Hutschachteln und Taschen mit sich brachte, und dass betuchte Adelige, Industrielle und Theaterstars Wert auf exklusives Reisegepäck legten. Reich an Erfahrungen kehrte er Anfang der Zwanzigerjahre nach Florenz zurück und eröffnete erneut einen Laden, diesmal jedoch spezialisiert auf edle

Lederwaren aus eigener Werkstatt. Die herausragende Qualität seiner Produkte sprach sich schnell herum und zog den verdienten Erfolg nach sich. Seine Angebotspalette wuchs, und 1938 eröffnete die erste Filiale in Roms vornehmer Geschäftsstraße Via dei Condotti. Guccios Söhne übernahmen die Leitung der Filialen in Rom, Florenz und später auch in Mailand.

Guccios Talent bestand die Bewährungsprobe, die der Zweite Weltkrieg mit sich brachte. Materialverknappung erschwerte seine Arbeit, und so griff er kurzerhand zu alternativen Materialien wie Bambus, Jute, Hanf oder Leinen. Dieser Coup sollte bis zum heutigen Tag zum unverwechselbaren Merkmal des Gucci-Designs werden. Die Bambushandtasche, die Guccio 1947 entwarf, avancierte zum Symbol der Marke und ist noch immer erhältlich.

Die Fünfzigerjahre begannen mit dem Tod Guccios. Seinen Söhnen gelang es trotz ihrer heftigen Erbstreitigkeiten, die Erfolgsstory weiterzuschreiben. Sie eröffneten Stores in Paris, in London, in New York, in Beverly Hills und in Palm Beach. Sie lockten die Kundschaft mit einer erweiterten Kollektion, die nun auch mit Strickwaren und dem berühmten „Loafer“ aufwartete, dem Mokassin, der 1953 vom Label Gucci entworfen wurde. Die Berühmtheiten dieser Jahre kauften bei Gucci, und Namen wie Ingrid Bergmann, Anita Ekberg, Audrey Hepburn, Ursula Andress, Sophia Loren oder Liz Taylor sorgten dafür, dass sich der Name Gucci mit Hollywood-Glamour verband.

Für Grace Kelly kreierte das Label den legendären Seidenschal „Flora“ mit Blütendruck, für Jackie Kennedy die Schultertasche, die bis heute unter dem Namen „Jackie O“ verkauft wird. Jackie Kennedy machte Gucci-Accessoires zu den prägenden Elementen ihres Stils und trug damit wesentlich dazu bei, dass der internationale Jetset spätestens seit den Sechzigerjahren auf Gucci schwor. Guccis Mokassin und die berühmte Bambus-Handtasche wurden Teil der permanenten Kollektion des Costume Institute im New Yorker Metropolitan Museum of Art. Ende der Sechzigerjahre entstand das Logo mit den beiden ineinandergreifenden G, und in den Siebzigerjahren erschloss Gucci auch die expandierenden Märkte für Luxusgüter in Japan und in Hongkong.

„Halston, Gucci, Fiorucci, this man is dressed to kill", das war das Erfolgsrezept des „Greatest Dancer", den die Sister Sledge in den Siebzigern besangen. Halston und Fiorucci kennt heutzutage kaum noch jemand, und die Marke Gucci hätte um Haaresbreite das gleiche Schicksal ereilt. Denn nachdem Gucci Anfang der Achtzigerjahre in eine Aktiengesellschaft umgewandelt worden war, übernahm Maurizio Gucci, der Enkel des Firmengründers, 50 Prozent der Anteile und die Firmenleitung. Er hatte nach und nach alle übrigen Verwandten geschickt aus dem Unternehmen gedrängt und sich auf diese Art zahllose Feinde geschaffen.

Seine Geschäftsideen erwiesen sich zunächst als wenig erfolgreich. Hemmungslose Billigangebote und der massenweise Verkauf von Lizenzen führten dazu, dass das Image der Marke enorm litt. Hinzu kamen anhaltende Erbstreitigkeiten und gerichtliche Auseinandersetzungen, die schließlich dazu führten, dass die anderen 50 Prozent der Anteile 1989 an eine Investmentgruppe aus Bahrein verkauft wurden.

Maurizio entschloss sich zu einem mutigen Schritt und engagierte den Jungdesigner Tom Ford, dessen gewagte Modenschau ihm seinen größten Erfolg bescherte. Unter Fords kreativer Leitung wurde Gucci in den Folgejahren wieder zum begehrten Trend-Label. Firmenchef Maurizio genoss seinen Erfolg in vollen Zügen. Er schaffte einen Firmenjet, zwei Ferraris und eine Luxusyacht an und lebte wie ein Renaissancefürst.

Sein verschwenderischer Lebensstil trieb das Unternehmen an den Rand des Ruins, das Personal konnte nicht bezahlt werden und streikte. Die arabischen Investoren übernahmen schließlich Maurizios Aktienpaket und setzen ihn vor die Tür.

Zwei Jahre später, 1995, wurde er von einem Profikiller in Mailand auf offener Straße erschossen. In einem spektakulären Prozess befand das Gericht seine Ex-Frau für schuldig, den Mord in Auftrag gegeben zu haben, und verurteilte sie zu 29 Jahren Haft. Zwar bestritt sie ihre Schuld, doch dummerweise hatte sie ihre Mordgelüste zuvor immer wieder öffentlich geäußert. Angeblich ärgerte sie sich darüber, dass ihr Mann sie wegen einer anderen verlassen hatte, und fürchtete um das Erbe ihrer Töchter, sollte ihr Exmann seine neue Lebensgefährtin heiraten. Ihr Hang zum Okkulten hatte sie mit einer neapolitanischen Wahrsagerin zusammengeführt, mit der sie über viele Jahre eine enge Freundschaft pflegte. Das Gericht kam zu dem Schluss, dass diese Wahrsagerin schließlich den Auftragsmörder für sie auftrieb. Wenige Jahre später versuchte sie sich im Gefängnis zu erhängen, wurde aber gerettet.

Das Familiendrama der Guccis verarbeitete die amerikanische Schriftstellerin Sara Gay Forden zu einem Erfolgsroman. Und Starregisseur Ridley Scott sorgte für einen Riesenwirbel mit der Ankündigung der Verfilmung der Gucci-Saga als Thriller. Die Guccis seien nicht das italienische Dallas, empörte sich Patrizia Gucci, eine Urenkelin des Firmengründers. Die Familie lief Sturm gegen das Projekt und versuchte, es mit rechtlichen Mitteln zu stoppen. Offenbar mit Erfolg, denn bisher gibt es diesem Film nicht.

Mögen sich die Guccis weiter streiten, aus dem Unternehmen ist die Familie längst ausgeschieden. Schon seit 2004 gehört Gucci vollständig zum französischen Luxusgüter-Konzern Kering. Unter diesem Dachverband feierte das Unternehmen 2016 sein 95-jähriges Jubiläum. Im retrospektiven Bildband „Gucci by Gucci“ feierte es sich selbst und veröffentlichte erstmals die glamourösen Bilder aus seinem streng gehüteten Archiv. Zu sehen sind Stars von Audrey Hepburn bis Madonna mit Gucci-Accessoires und natürlich die legendären Ikonen, die Guccis Designer im Lauf der Jahrzehnte erschufen.

Tortini della mora con schiuma di balsamico – Brombeertartelettes mit Balsamicoschaum

Zutaten für 4 Personen:

4 Tartelettes aus Mürbeteig (fertig gekauft)
200 g Brombeeren
50 g Brombeermarmelade
vier Eigelbe
100 ml Prosecco
30 ml hochwertiger Balsamico-Essig
4 Tl Zucker
1 El gehackte Pistazien

Zubereitung:

Die Brombeeren putzen, vorsichtig waschen und auf Küchenkrepp trocknen. Die Marmelade leicht erwärmen und dabei glatt rühren.

Die Tartelettes mit der Marmelade bestreichen und die Brombeeren darauf anrichten. Die Eigelbe mit dem Zucker sowie dem Balsamico in ein kleines Gefäß geben, dieses ins heiße Wasserbad stellen und die Ei-Masse cremig rühren. Nach und nach mit dem Schneebesen den Prosecco unterrühren, sodass eine luftige Creme entsteht.

Die Tartelettes auf Desserttellern anrichten, mit dem warmen Balsamicoschaum überziehen, mit Pistazien bestreuen und servieren.

Methusalem der Bäume – die Kastanie der hundert Pferde

Bedrohlich ballen sich düstere Wolken über den Hängen des Ätna zusammen, wo eben noch sanfte Sonnenstrahlen auf eine prächtige Jagdgesellschaft fielen. Es ist die junge Königin Johanna, die mit hundert Reitern unterwegs ist, ihrem adeligen Gefolge und der Dienerschaft. Schon zucken erste Blitze, grollt der Donner unheilschwanger vom Berg herab. Furchtsam blickt Johanna sich um, erste Tropfen fallen vom Himmel. Da erblickt sie ein gewaltiges grünes Dach, einen Baum wie eine trutzige Burg, wie ein göttliches Mysterium. Sie gibt ihrem Schimmel die Sporen und treibt ihn unter das wundersame Astgewölbe. Sämtliche hundert Gefolgsleute finden gemeinsam mit ihr dort Schutz vor dem gewaltigen Gewitterregen, der nun über sie hereinbricht.

So weiß es eine alte sizilianische Legende, und sie erzählt von einem Naturwunder, das seinen Namen dieser romantischen Geschichte verdankt: vom „Kastanienbaum der hundert Pferde", „il Castagno dei Cento Cavalli". Im lichten Wald von Carpineto steht an den östlichen Ausläufern des Ätna nahe der Kleinstadt Sant'Alfio in 550 Metern Höhe diese gewaltige Edelkastanie, die von vielen Botanikern als ältester Baum Europas betrachtet wird. Experten schätzen ihr Alter auf zwischen 2.000 und 4.000 Jahre, eine präzisere Datierung ist leider nicht möglich.

Einst besaß der Baum einen gewaltigen Stamm, der in einer Erwähnung von 1780 mit 57,9 Metern Umfang angegeben wird. Aufgrund dieser Angabe führt das Guinness-Buch der Rekorde die sizilianische Kastanie als dicksten Baum der Welt. Heute stimmt das jedoch so nicht mehr, denn bei einem Brand im Jahr 1923 wurde der Hauptstamm weitgehend vernichtet. Der Baum stützt sich heute auf drei einzelne Stämme, deren mächtigster einen Umfang von 22 Metern aufweist. Die beiden anderen Stämme messen 13 beziehungsweise 20 Meter im Umfang, die Höhe des Baumes beträgt 22 Meter. Gerüchte vermuten übrigens als Brandursache die Rache der Einwohner des Ortes Giarre, denn Sant'Alfio war bis vor Kurzem Teil dieses Ortes gewesen und hatte soeben erst seine Unabhängigkeit erlangt.

Nun stritten sich die Experten darüber, ob die drei verbliebenen Stämme tatsächlich Teile eines einzigen Baumes seien oder ob es sich vielleicht doch um drei verschiedene Bäume handelt. Hier war kaum Einigung zu erzielen, und deshalb veranlasste der italienische Fernsehsender RAI Uno eine genetische Untersuchung. Das Ergebnis spricht dafür, dass es sich tatsächlich um nur einen einzigen Baum handelt, was ihn auch heute noch zum Baum mit dem größten Umfang der Welt macht.

Doch die Statistik spielt letztlich keine Rolle. Denn wer jemals unter dem gewaltigen Baum stand, seine knorrigen Zweige betrachtete und den Wind mit seinen Blättern spielen sah, der kennt die faszinierende Wirkung und den fast mystischen Zauber dieses Zeugens der Jahrhunderte.

So ist es kein Wunder, dass die Kastanie der Hundert Pferde immer wieder Poeten und Schriftsteller inspiriert hat. Die erste Erwähnung findet sie 1636 bei Don Pietro Carrera, der sie als imposantes Gewächs bezeichnet, unter dem 30 Pferde beherbergt werden könnten. Gute 100 Jahre später berichtete Giuseppe Recupero von einer geheimnisvollen Hütte im Inneren des Baumes, die er allerdings bei einem weiteren Besuch einige Jahre später verfallen vorfand. Diese Hütte muss es tatsächlich gegeben haben, denn man sieht sie auf der ältesten Abbildung des Baumes, einem Gemälde des französischen Reisenden Jean-Pierre Houël aus dem Jahr 1787, das einen Eindruck vom Aussehen der Kastanie vor dem Brand von 1923 vermittelt.

Schon früh erkannten die Bewohner der Gegend den besonderen Wert dieses Schatzes in ihrem Wald. Im August 1745 stellte ein Tribunal den Baum unter Naturschutz, zusammen mit dem etwa 400 Meter entfernten „Kastanienbaum des Schiffes". Mindestens 1.000 Jahre ist dieser zweite Baum-Methusalem alt und gilt als zweitältester Baum Italiens. Das Naturschutzgesetz aus dem 18. Jahrhundert ist vermutlich eine der weltweit allerersten derartigen Protektionen.

Doch die Wälder in dieser Gegend standen im Besitz eines sizilianischen Adelshauses. Die Herrschaften nutzen die prächtigen Bäume gerne für ausgelassene Festbankette unter den mächtigen Blätterdächern. Ungeachtet allen Naturschutzes wurde dabei übermütig in den Ästen herumgeklettert, Zweige wurden gebrochen und Rindenstücke abgepult. Im Jahr 1965 griff die italienische Regierung endlich dagegen durch. Mit einem Streich der Staatsgewalt wurden die Bäume enteignet und sind seither Naturdenkmal. Die Umweltschutzbehörden führen fortlaufend Untersuchungen und Maßnahmen zum Schutz und Erhalt der beiden Bäume durch.

Ob aber jemals eine Königin Johanna mit ihrem Gefolge Schutz unter dem Kastanienbaum der hundert Pferde gefunden hat, wird wohl für immer im unergründlichen Dunkel des Mittelalters verborgen bleiben. Man ist sich nicht einmal einig, um welche Johanna es sich dabei gehandelt haben könnte.

Spekuliert wird über Johanna von Aragón, die Sizilien aber vermutlich niemals besuchte, und über Johanna I. von Anjou, eine machtbesessene Frau mit bizarrer Lebensgeschichte, die im September 1356 nach der vorübergehenden Rückeroberung Siziliens durch die Truppen der französischen Anjou in Messina einzog.

Und schließlich über Johanna II. von Anjou, der man ein besonders freizügiges Liebesleben nachsagte. Vielleicht ist sie es gewesen, die die Nacht mit einem – oder sogar mehreren – ihrer Liebhaber unter dem gewaltigen grünen Dach verbrachte, während um sie herum der Gewittersturm tobte. Und das Schnauben von hundert Pferden sich mit ihren leisen Liebesseufzern mischte.

Risotto con le castagne – Kastanienrisotto

Zutaten für 4 Personen:

250 g geschälte Esskastanien (Maronen)
300 g Risottoreis
250 ml Weißwein
150 g geriebener Parmesan
1 Zweig Rosmarin
5 EL Olivenöl
Salz
Pfeffer

Zubereitung:

Die Kastanien vierteln und in 1 Liter Salzwasser 30 Minuten lang kochen.

Die Rosmarinnadeln abzupfen und hacken. In einem Topf das Olivenöl erhitzen und die Rosmarinnadeln darin anbraten. Anschließend den Reis hinzugeben und braten, bis er glasig ist. Mit 2 Suppenkellen vom Kochwasser der Kastanien ablöschen und anschließend nach und nach das restliche Kochwasser mit den Kastanien sowie den Weißwein und noch ca. 300 ml Wasser hinzugießen, dazwischen immer ein paar Minuten pausieren, sodass sich eine Gesamtgarzeit von ca. 30 Minuten ergibt. Dabei regelmäßig rühren.

Der Risotto soll am Ende eine „schlotzige" Konsistenz haben, also weich und klebrig sein, in der Mitte der Körner aber noch Biss haben.

Mit Salz und Pfeffer abschmecken, die Hälfte des Parmesans unterrühren. Auf Tellern anrichten und mit dem restlichen Parmesan bestreuen.

Bella, bella, bella Marie – vom Zauber der Insel Capri

Die Insel Capri – das Sylt Italiens! Die Reichen und die Schönen ließen diese sonnengeküsste Insel zur Legende werden. Und das nicht erst, seit die Welt im vergangenen Jahrhundert von der großen Reiselust erfasst wurde. Denn der besondere Reiz des kleinen Eilands zog alle, die es sich leisten konnten, schon immer in seinen Bann.

Capri liegt im Golf von Neapel und ist nur circa zehn Quadratkilometer groß. Berühmt sind die Grotten der Felseninsel, allen voran die sogenannte Blaue Grotte, vor der in den Zeiten der Hochsaison die Touristenboote mit schöner Regelmäßigkeit einen Stau auf dem Wasser bilden. Oft sind es mehr als 50 Boote, die auf die Einfahrt warten. Zugegebenermaßen ist das Blau, das die Strapazen belohnen wird, von überwältigender, geradezu surrealer Schönheit. Schon im alten Rom war die Blaue Grotte bekannt, geriet aber in späteren Jahrhunderten in Vergessenheit. Wiederentdeckt wurde sie 1826 durch den schlesischen Dichter und Maler August Kopisch. Doch kehren wir zunächst einmal zurück zu den Anfängen des Capri-Booms.

In der Altsteinzeit bestand noch eine Verbindung zwischen Capri und dem Festland. Ein römischer Geschichtsschreiber behauptete, damals hätten Elefanten und Riesen die Gegend bewohnt. Auf das Dunkel dieser Vergangenheit folgten griechische Kolonisten und später die Römer. Den Namen Capri prägten letztere, denn er stammt vom lateinischen Wort „caprae“ ab. Was dem mondänen Mythos wiederum weniger zupasskommt, denn es bedeutet schlicht „Ziegen“.

Bereits Kaiser Augustus besuchte Capri als Feriengast und ließ sich dort eine Urlaubsvilla errichten. Kaiser Tiberius machte Capri sogar zu seinem Wohnsitz, um dem Trubel Roms zu entkommen – böse Zungen behaupten, er habe hier seinem Lasterleben ungestört frönen wollen. Er erklärte Capri 27 n. Chr. zu seinem Regierungssitz, zehn Jahre lang bildete es das Zentrum des Römischen Reichs. Tiberius‘ Villa Jovis lag spektakulär über einem steil zum Meer abfallenden Felsen mit Blick aufs Festland. Neben dieser Villa besaß Tiberius noch einige weitere auf Capri. Drei dieser Villen kann man heute besichtigen, und der Ausflug lohnt sich, denn – wie könnte es anders sein – sie liegen an den schönsten Stellen der Insel.

Bis zum Niedergang des Römischen Reichs im 4. Jahrhundert blieb Capri nobles Ferienziel römischer Herrscher und Refugium hochgestellter Adliger. In den darauffolgenden unruhigen Jahrhunderten fiel Capri wechselnden Eroberern in die Hände. Mal gehörte es zum Herzogtum Neapel, dann wieder herrschten Sarazenen, Langobarden, Normannen, Anjou, Aragonesen und schließlich Spanier auf dem kleinen Eiland, und alle hinterließen ihre Spuren und prägten die capresische Kultur.

Im 19. Jahrhundert entdeckten die vom Italienfieber gepackten deutschen Künstler Capri als angenehmes Winterquartier. Illustre Gäste wie Rainer Maria Rilke tummelten sich auf der Insel. Der Dichter wohnte im „Rosenhausel“ und schwärmte mit blumigen Worten von der Schönheit des Eilands. Die Via Krupp, die der Stahlfabrikant Friedrich Alfred Krupp zur vorletzten Jahrhundertwende mit spektakulären Serpentinen in den Fels schlagen ließ, ist heute eine der Hauptattraktionen Capris.

Die Sehnsucht nach dem Süden fand ihr Idealbild in der kleinen Insel: eine prächtige Natur, umspielt von schillernden Farben, von Helligkeit und Heiterkeit, geprägt von mildem Klima und der Gastfreundschaft ihrer Bewohner. Capri – das schien kein Urlaubsziel zu sein, sondern pures, leibhaftiges Glück.

Das sprach sich herum, und die anziehende Atmosphäre lockte Künstler und Intellektuelle, Schriftsteller und Exzentriker aus aller Welt nach Capri. So entstand eine kosmopolitische Kolonie, deren Glanz bis auf den heutigen Tag hin strahlt.

Doch nicht alle waren von der Insel begeistert. Goethe warnte vor den bösen Menschen, die oben auf dem Felsen stünden und hofften, dass sein Boot daran zerschellen möge. Er geriet im Mai 1787 vor Capri in Seenot und musste die Insel deshalb links liegen lassen. Anderen erschien die Insel zu süßlich und kommerzialisiert. Bertolt Brecht ergriff die Flucht und begab sich in den Trubel Neapels, um „nicht kotzen zu müssen". Er empfand das Capri-Glück wohl eher als Kitsch.

Als die Deutschen allmählich aus den elenden Nachkriegsjahren erwachten, fand ihr Fernweh dank Sänger Rudi Schuricke in Capri den Gipfel seiner Träume: Der Caprifischer und seine Bella Marie belegten einen festen Stammplatz in ihrem Herzen. Die Prominenz jener Zeit traf sich auf Capri, Namen wie Aristoteles Onassis, Ingrid Bergmann oder Maria Callas verschafften dem Traum vom Süden zusätzlichen Glamour. Capri geriet zum Synonym für ein Gefühl, geschickt genutzt von Firmen wie Ford, die ihr erfolgreiches Automodell nach der Insel benannten, von Langnese mit seinem Eis gleichen Namens oder vom Hersteller der bis auf den heutigen Tag erfolgreichen Capri-Sonne.

Man erreicht Capri von Neapel, Ischia oder von Sorrent aus mit der Fähre. Bereits die Einfahrt in den pittoresken Hafen von Marina Grande mit den bunten Häuschen, die sich am Hang hinaufziehen, lässt erahnen, dass man einen ganz besonderen Ort erreicht hat. Um die kleine Piazzetta der Gemeinde Capri scharen sich die exquisitesten Läden, kleine Ristorantes bieten frische Caprese, die nach der Insel benannte Delikatesse aus Büffelmozzarella, Tomaten und Basilikum, vor malerischer Kulisse zu exorbitanten Preisen an. Die hier herrschende Mischung aus Promi-Glamour und Touristen-Trash sucht wohl weltweit ihresgleichen.

Die Reichen und die Schönen, die sich auch heute noch auf Capri tummeln, verstecken sich tagsüber meist in ihren Luxusherbergen vor dem Getümmel der Tagesausflügler. Hier gaben und geben sich illustre Zeitgenossen wie Barbara Streisand, Elton John, Michael Douglas, Placido Domingo, Giorgio Armani oder Tom Cruise die Ehre – die Liste ließe sich noch seitenweise fortsetzen. Auf Capri, so viel steht fest, gibt es mehr Geld pro Quadratmeter als sonst irgendwo auf unserer Welt.

Die Insel ist frei von öffentlichem Autoverkehr, wer sie erkunden will, muss zu Fuß gehen, den Kleinbus nehmen, mit der Bergbahn „Funiculare“ fahren oder in ein Taxi steigen. Traditionell waren diese Taxis Oldtimer und hielten die glamouröse Zeit der Fünfziger- und Sechzigerjahre noch lange danach lebendig. Leider benagte sie jedoch der Zahn der Zeit, sodass sie inzwischen durch moderne Fahrzeuge ersetzt werden mussten.

Die drei aus dem Meer ragenden Felsen „Faraglioni“ liegen auf der westlichen Seite der Insel und sind zu ihrem Wahrzeichen geworden. Ein Spaziergang über Capri eröffnet immer wieder grandiose Ausblicke über das Meer und den Golf von Neapel. Stille Olivenhaine und lauschige kleine Buchten bieten einen krassen Gegensatz zum anderenorts herrschenden Trubel. In den Altstadtgassen pulsiert quirliges Leben, schicke Restaurants, Cafés und Boutiquen wohin man sieht. Auf der Flaniermeile Via Camerelle reihen sich die Läden der italienischen Designer aneinander, hier gilt das Motto „sehen und gesehen werden". In mondänen Badeanstalten servieren livrierte Kellner Cocktails am Pool, vor Marina Grande schaukeln malerische Fischerboote auf den sanften Wellen.

Beschaulicher geht es in Anacapri zu, das auf der anderen Seite der Insel liegt und wo Katzen zwischen strahlend weißen Häusern im Schatten vor sich hindösen. Die beiden Orte Capri und Anacapri werden von den mächtigen Steilwänden des Monte Solaro getrennt, eine Seilbahn führt auf den mit 589 Metern höchsten Berg der Insel hinauf. Und das ungewöhnlichste Gebäude Capris ist der futuristische rote Kubus, den sich der Schriftsteller Curzio Malaparte auf einer Klippe über dem Meer erbauen ließ.

Last but not least darf die artenreiche Flora und Fauna nicht unerwähnt bleiben. Viele Zierpflanzen wurden im Lauf der Jahrhunderte eingeführt und fanden ideale Bedingungen. So gibt es zahlreiche Palmenarten, Kakteen, Johannisbrotbäume, Aleppo-Pinien und üppig blühende Bougainvilleen, wilde Orchideen, Rosen, Gladiolen und Ginster, duftende Kräuter wie Rosmarin, Thymian und Minze. 135 Vogelarten finden sich auf Capri. Und eine einzigartige Besonderheit ist die Blaue Eidechse, die auf dem äußersten Faraglioni-Felsen endemisch ist. Damit gelingt es ihr, sich noch rarer zu machen als die Prominenten in ihren Luxushotels.

Insalata Caprese

Zutaten für 4 Personen:

500 g reife, aromatische Tomaten
400 g Mozzarella di Bufala
Olivenöl
frisches Basilikum
2 El feingewiegte Kapern
Oregano
Salz
Pfeffer

Zubereitung:

Den Mozzarella und die Tomaten in Scheiben schneiden. Anschließend wie Dachziegel überlappend auf einer Platte anrichten.

Aus dem Öl, den Kräutern, den grob gehackten Kapern, Salz und Pfeffer eine Marinade bereiten, damit das Ganze übergießen und 1 Stunde im Kühlschrank ziehen lassen. Mit frischen Basilikumblättern garniert servieren.

Limoncello

Zutaten:

die Schalen von 1 kg ungespritzten Zitronen
500 g Zucker
1 l Alkohol (95 %, erhältlich in Apotheken)
Wasser

Zubereitung:

Die Schalen der Zitronen in einem geeigneten verschließbaren Gefäß mit dem Alkohol übergießen und acht Tage an einem hellen, warmen Platz (z. B. auf der sonnigen Fensterbank) ziehen lassen.

Nach Ablauf der Zeit 500 g Zucker in 1 l Wasser aufkochen und so lange köcheln lassen, bis der Zucker gelöst ist. Dann ganz abkühlen lassen. Den Alkohol durch ein Sieb gießen und mit dem Zuckerwasser mischen. Gut schütteln, zur Aufbewahrung in Flaschen abfüllen und eiskalt servieren.

Zu Gast bei der Wölfin – Prostitution im Alten Rom

„La bambina – NO!!", fauchte der Aufseher vor der unscheinbaren Tür in Pompeji mit wichtiger Miene. „Hier darfst du nicht rein", verdeutlichte mein Vater beschwichtigend. Ich war 13 Jahre alt und zum ersten Mal in Pompeji. Weil ich mich aber schon seit zwei Jahren mit dem Erlernen der lateinischen Sprache herumplagte und mich daher leidlich oft mit der Antike beschäftigen musste, faszinierte mich dieser Besuch. Warum ich nun ausgerechnet hier nicht hineindurfte, ärgerte mich. Ich wollte doch schließlich alles sehen! „Nun, äh…", druckste meine Mutter herum und suchte nach Worten. Mein Vater unterbrach sie. „Hier handelt es sich um ein Bordell", dozierte er. „Darin gibt es Bilder, die für Kinder nicht geeignet sind, deshalb hast du keinen Zutritt." Sprach's und verschwand hinter der Tür, während meine Mutter und ich verdutzt draußen auf dem antiken Straßenpflaster zurückblieben.

Heute ist das vor einigen Jahren für 400.000 Euro restaurierte Lupanar des Africanus in Pompeji für jedermann zugänglich, trotz der tatsächlich recht deftigen und eindeutigen Darstellungen an den Wänden. Die alten Römer pflegten allgemein einen lockeren Umgang mit der Pornografie. Darstellungen von Sexspielen finden sich ganz selbstverständlich in den Schlafzimmern der Villen, die der gesellschaftlichen Elite der Stadt Pompeji gehörten. Während anderenorts die

Pracht des Alten Rom zu Schutt und Asche zerfiel, blieb Pompeji nach dem Ausbruch des Vesuvs im Jahr 79 n. Chr. unter Bims und Asche konserviert. Deshalb gibt es hier noch wunderbar erhaltene römische Fresken. Es ist aber davon auszugehen, dass solche Bilder im ganzen römischen Reich verbreitet gewesen sind, genau wie es auch allerorts Bordelle gab, die sogenannten Lupanare.

Der Phallus galt den alten Römern nicht nur als sexuelles Symbol, sondern auch als schutzbringendes Amulett, das vor dem „bösen Blick“ bewahren sollte. Deshalb – und nicht aus sexuellen Motiven – findet man ihn an den Eingängen zahlreicher antiker Häuser. Er diente als Zierde an Nutzgegenständen, so fand man zwei Bronzefigürchen mit riesigen Phalli, die als Halterungen für Salzfässchen bei Tisch dienten. Figurinen mit erigiertem Glied, an dem ein Glöckchen befestigt war, sollten in Läden für gute Geschäfte sorgen. In Pompeji – und sicherlich nicht nur dort – diente ein ins Straßenpflaster eingelassener Phallus als Wegweiser zum Lupanar.

An einer Straßenecke gelegen hatte das Eros-Center Pompejis zwei Eingänge, die in einen Flur mit Zugang zu fünf kleinen, fensterlosen Kammern führten. Vermutlich wurde der fällige Preis im Voraus gleich hier an den Aufseher entrichtet. Bilder an den Wänden priesen die Vorzüge und die speziellen Angebote der einzelnen Damen, sodass der Freier eine Auswahl treffen konnte. In warmen Tönen gehalten zeigen die einfach gemalten Fresken erotische Szenen auf bequem gepolsterten Liegen. In von Girlanden geschmückten Räumen räkeln sich willige Schönheiten verführerisch in lasziver Haltung. Schillernde Erotik-Werbung, die mit der nüchternen Realität des Lupanars aber wohl kaum etwas zu tun hatte.

Die für den Vollzug vorgesehenen Kammern zeigen sich nämlich wenig einladend: schmucklos und gerade einmal zwei Quadratmeter groß. Ein gemauertes Bett an der einen Seite, auf das eine Matratze gelegt wurde, zum Flur hin mit einer Holztür oder auch nur einem Vorhang verschlossen. Klein, eng und ohne Frischluft – eine muffige, düstere Zelle ohne jede Bequemlichkeit, die zum Verweilen hätte anregen können. Vom Flur in die erste Etage führte eine Treppe, unter der sich eine Latrine befand. Im Obergeschoss erwarteten die Kundschaft fünf weitere, zwar ein wenig größere, aber nicht minder schäbige Kammern. Vermutlich dienten in diesen die etwas kostspieligeren Damen. Alles in allem zeigt das Freudenhaus von Pompeji ein ziemlich trostloses Ambiente, man kann es nicht gerade als Luxusbordell bezeichnen. Und tatsächlich dienten Häuser wie dieses nur der schnellen und vor allem auch billigen Triebabfuhr. Fließbandorgasmen im Zehnminutentakt.

Der übliche Preis für einen einfachen Beischlaf betrug zwei Asse, das entsprach dem Gegenwert eines halben Liters Wein oder zweier Brote. Natürlich unterlagen die Preise je nach Art und Umfang des Service und Begehrtheit der Prostituierten einer Staffelung. Eine Dame, die en vogue war, konnte so auch schnell mal 23 Asse kosten. Doch die allgemeinen Dumpingpreise ermöglichten es sogar Sklaven, sich ab und zu von ihrem Taschengeld einen Bordellbesuch zu leisten. Höhergestellte Persönlichkeiten kauften sich Kurtisanen und kostspielige Callgirls oder vergnügten sich mit ihren Sklaven, aber sie machten einen Bogen um die öffentlichen Bordelle. Das taten sie nicht aus moralischen Gründen, sondern bloß aus elitärem Dünkel. Denn die Prostitution genoss im alten Rom gesellschaftliche Akzeptanz, es galt als normal, ein Bordell aufzusuchen und keinesfalls als peinlich, dabei gesehen zu werden. Ehebruch war zwar strafbar, doch der Verkehr mit einer Dirne galt nicht als solcher. Für römische Jünglinge gehörte außerdem zumindest der einmalige Bordellbesuch als ganz selbstverständlicher Teil zu ihrer Erziehung. Dirnen gab es genug im Alten Rom, ein Überangebot, das die Billigpreise erklärt. Im Gewerbe arbeiteten Mädchen und Frauen aus den niedersten Ständen, aber natürlich auch etliche Sklavinnen, die von ihren Herren zum Dienst gezwungen wurden und die dank des Mädchenhandels aus den eroberten Provinzen ständig nachgeliefert wurden.

Zur Kaiserzeit existierten allein in der Stadt Rom 46 offiziell registrierte Bordelle. „Hic habitat felicitas“ – „hier wohnt das Glück“ war der Slogan des Metiers. Zusätzlich existierten in zahlreichen Kneipen und Absteigen Séparées, in denen Huren für kleines Geld verfügbar waren. Manche Prostituierte arbeiteten auch in Frisörläden oder Bädern, andere wiederum gingen auf den Straßenstrich und verschwanden mit ihren Kunden in Stundenhotels. Weil Reinlichkeit im alten Rom großgeschrieben wurde, achteten auch die Prostituierten sehr auf ihre Sauberkeit, wobei sich aber nur diejenigen, die ihren Diensten in Nebenräumen von Bädern nachgingen, nach jedem Akt waschen konnten, alle anderen erst nach der Arbeit.

Die Prostituierten schminkten sich grell, dufteten sich verschwenderisch mit billigem Parfum ein, kleideten sich in schrillen Farben, die Tunika oft kurz, durchscheinend oder auch barbusig getragen. Sie achteten auf ihren Haarputz und trugen gerne blonde Perücken, denn es galt: Blondinen bevorzugt! Weil Frauen ohne Schamhaar gefragt waren, epilierten sich viele. Eine unangenehme Sache, denn die Enthaarung wurde mithilfe von Kalklauge oder arsenhaltigem Auripigment durchgeführt. So aufgeputzt saßen die Damen vor ihrer Kammer oder flanierten aufreizend durch die einschlägig bekannten Straßen des Rotlichtmilieus, das freilich damals noch nicht mit roten Lichtern auf sich aufmerksam machte, sondern mit Öllampen in Form eines erigierten Penis.

Über männliche Prostitution hingegen ist recht wenig bekannt. Es soll in Rom eine Straße gegeben haben, in der sich männliche Prostituierte und Lustknaben aufhielten, auch dienten wohl öffentliche Bäder zur Anbahnung homosexueller Geschäftsbeziehungen. Ein einschlägig bekanntes Viertel lag außerdem bei den Matrosenkneipen am Tiberufer.

„Lupa" hieß etwa so viel wie „Nutte", doch bedeutete das Wort „lupa" auch Wölfin. Vor diesem Aspekt erscheint die alte Sage, nach der die Gründer Roms, Romulus und Remus, von einer Wölfin aufgezogen wurden, in ganz neuem Licht…

Wie unser kleiner Exkurs zeigt, hat sich das Gewerbe über die Jahrtausende hinweg nicht allzu sehr verändert. Das Lupanar gilt heute als einer der Publikumsmagnete Pompejis. Seine obszönen Fresken werden schon lange auch vor jugendlichen Besuchern nicht mehr versteckt.

Die delikatesten Stücke können aber im Geheimkabinett des Nationalmuseums Neapel bestaunt werden, dessen Besuch der Öffentlichkeit jahrzehntelang verwehrt blieb und Jugendlichen erst seit wenigen Jahren erlaubt ist. Welche Obszönitäten es wohl bergen mag?

Patina de Asparagus – Spargel mit Hühnchen (Adaption eines römischen Rezeptes aus dem Kochbuch des Marcus Gavius Apicius)

Zutaten für 4 Personen:

2 kg grüner Spargel
4 Hähnchenbrüste (als Ersatz für die Grasmücken, die Apicius verwendet)
6 Eier
100 ml Weißwein
100 ml Olivenöl
20 ml Likörwein (Vin Santo)
8 Pfefferkörner
2 El Fischsauce (Garum, unvermeidlich bei altrömischen Rezepten, heute erhältlich in asiatischen Feinkostgeschäften. Ersatzweise kann man auch Worcestershiresauce verwenden.)
Salz
Pfeffer

Zubereitung:

Die Hähnchenbrüste salzen und pfeffern. 20 ml Olivenöl in einer Pfanne erhitzen und die Hähnchenbrüste von beiden Seiten scharf anbraten, bis sie goldbraun sind, und beiseitestellen. Die unteren Abschnitte des Spargels abbrechen, die Stangen 10 Minuten in Salzwasser kochen, abschütten und anschließend pürieren. Die Eier mit 1 El Fischsauce mischen, unter den Brei rühren und salzen. Die Pfefferkörner im Mörser zerstoßen. Zusammen mit dem Wein, dem Likörwein, der restlichen Fischsauce und dem restlichen Olivenöl in einen kleinen Topf geben und ganz kurz unter Rühren zu einer Sauce aufkochen.

Das Spargelpüree in eine Auflaufform geben, die Hähnchenbrüste darauflegen und mit der Sauce begießen. Im Backofen bei 180°C ca. 30 Minuten überbacken, anschließend noch einmal mit Pfeffer bestreuen. Mit Fladenbrot servieren.

Harlekin und Colombina – die Commedia dell'Arte

„SIE SIND WIEDER DA, SIE SIND WIEDER DA!!!!!" Aufgeregt schreiend stürmt das kleine Mädchen in die Küchenstube der bescheidenen Kate am Ortsrand, wo die Mutter in einem dampfenden Kessel rührt. Sie nimmt den Kessel vom Feuer, bindet die Schürze ab und rückt ihre Haube zurecht. Dann folgt sie der Kleinen zum Marktplatz des Dorfes, auf dem ein paar bunte Wagen, gezogen von zotteligen kleinen Pferden, angehalten haben.

Eine Handvoll Dorfbewohner hat schon auf Holzbänken Platz genommen, sie plaudern lachend, trinken Wein und verspeisen Brot und Käse. Ein stattlicher Mann mit buntem Kostüm und Halbmaske über dem weiß gepuderten Gesicht ruft laut und fröhlich den Menschen zu, die nach und nach aus ihren Häusern kommen. Scherzend jongliert er bunte Kugeln und neckt die Umstehenden schalkhaft. Es ist kein alltägliches Ereignis, das die Bewohner des kleinen norditalienischen Dorfs aus ihrem Alltag holt: Die fahrenden Künstler einer Gruppe der Commedia dell'Arte legen auf ihrer Tour einen Halt ein, sie garantieren einen vergnügten Abend mit einer lustigen Aufführung.

Ab dem 16. Jahrhundert begannen in Italien Jahrmarktkünstler damit, sich zu kleinen Schauspieltruppen zusammenzuschließen, die sich „Commedia dell'Arte" nannten. Das

Wort „commedia“ bezeichnet ein Theaterstück mit Happy End, „arte“ bedeutet Kunst, aber auch Handwerk. So verstanden sich die Darsteller als professionelle Schauspieler, die ihr Publikum nach bestimmten vorgegebenen Regeln unterhielten. Sie knüpften hierbei an die Tradition der altrömischen und der Komödie der Renaissancezeit an, die jetzt mit Spaßfiguren aus verschiedenen Regionen Italiens, Elementen des volkstümlichen Mundartspiels und Masken aus dem venezianischen Karneval verbunden wurden.

Die Gruppen der Commedia dell'Arte bestanden meist aus sechs Männern und sechs Frauen. Letzteres war innovativ, denn abgesehen von der Oper hatten Frauen bisher nicht öffentlich im Theater auftreten dürfen. Gemeinsam zogen die Künstler durch das Land und teilten ihre Einkünfte. Jedem einzelnen Mitglied fiel eine feste Rolle zu, die es sein Leben lang spielte und dadurch zur Perfektion brachte.

Die Rollen der Commedia dell'Arte sind in drei Gruppen unterteilt: Es gibt zum einen zwei Liebende, die „Innamorati“, welche die Kinder der sogenannten „Vecchi“ sind. Nur die Frauen und die beiden „Innamorati“ setzen während der Aufführungen keine Maske auf. Die Romanze der Liebenden wird von Vertretern der beiden anderen Gruppen gerahmt: den „Zanni“ und den „Vecchi“. Alle Darsteller dieser beiden Gruppen tragen neben bestimmten, wiedererkennbaren Kostümen auch charakteristische Halbmasken. Hierdurch sind die Schauspieler nicht auf starre Gesichtszüge festgelegt, wie noch im Theater der Antike, als Vollmasken getragen wurden. Gleichzeitig sind sie aber stets ohne Weiteres klar zu identifizieren.

Die „Zanni“ stellen Figuren aus der Unterschicht dar, die bäuerlicher Herkunft sind und als Diener, Knechte, Mägde oder Köchinnen arbeiten. Ihre berühmtesten Vertreter sind Brighella, der listig und verschlagen ist, Arlecchino, naiv und lustig, Pagliaccio, ein tollpatschiger, großspuriger Feigling, und Colombina, die warmherzig, kokett und mütterlich, aber auch selbstsicher und bestimmend ist.

Den „Zanni" gegenüber stehen die „Vecchi". Sie symbolisieren die herrschende Klasse, sind reich, gebildet und halten sich für etwas Besseres, was sie den „Zanni" stets demonstrieren. Natürlich macht sie das nicht gerade zu Publikumslieblingen. Die berühmtesten „Vecchi" sind der Pantalone, ein alter und kränklicher, aber schwerreicher, geiziger und zudem weibstoller venezianischer Kaufmann, sowie der von ihm abgrundtief gehasste Dottore, ein trinkfreudiger Gelehrter aus Bologna, der ständig hohle Phrasen schwatzt.

Der Regisseur gab lediglich eine kurze Rahmenhandlung und ein Ende vor. Alles, was auf dem Weg dorthin geschah, wurde improvisiert. Hierbei würzten die Darsteller ihre Aufführung mit allerhand Späßen, außerdem mit akrobatischen Tricks, die sorgfältig einstudiert waren. Im Wesentlichen ging es in den Geschichten immer darum, dass zwei Liebende nicht zusammenkommen konnten, weil die beiden „Vecchi" dies nicht zuließen. Nach zahlreichen Intrigen, Irrungen und Wirrungen wurden diese Hindernisse aber beseitigt und endeten mit einem Happy End. Die immer wieder aus dem Stegreif neu dargestellte Variante dieses Themas ist das Prinzip der Commedia dell'Arte.

Dass es keine vorgegebenen Texte gab, ermöglichte es den Künstlern, jeweils auf Besonderheiten der Örtlichkeit, auf aktuelle Skandale oder auf politische Situationen einzugehen. Die Commedia dell'Arte verband Gesellschaftskritik mit Parteinahme für die unteren Schichten. Da dies spontan und unvorhersehbar geschah, gab es für die Zensur keine Möglichkeit, verhindernd einzugreifen. Die Gruppen der Commedia dell'Arte entwickelten sich deshalb zu einer Art anarchistischem Sprachrohr des Volkes. Diese Tatsache, verbunden mit derben Späßen, ausgefeilten artistischen Darbietungen, prächtigen Kostümen, wohlbekannten Charakteren und volksnahen Handlungen, machte die Commedia dell'Arte äußerst populär. Umherziehende Künstler brachten sie von Italien aus ins übrige Europa, wo sie nicht minder große Beliebtheit genoss. Mit den Jahrhunderten verkam sie dabei aber mehr und mehr zum bloßen Klamauk.

Die Klarheit der einzelnen Rollen floss in das sich weiterentwickelnde Theater ein. Molière und Shakespeare ließen sich von den charakteristischen Typen inspirieren. Auch das Lustspiel im deutschsprachigen Raum beeinflusste die Commedia dell'Arte, und im Paris des 18. Jahrhunderts entwickelte sich mit der Comédie-Italienne ein lebhaftes Jahrmarktstheater daraus. Die Pantomime ist nichts als eine Weiterführung der Commedia dell'Arte mit ihren oft übertriebenen Gesten. Der „Hanswurst" ist genauso ihr Enkel wie das Kasperle oder die berühmten Clownsfiguren Pierrot, Harlekin und Dummer August. Noch in den Filmen der Fünfziger- und Sechzigerjahre finden sich Anleihen an die Charaktere der Commedia dell'Arte, so zum Beispiel in den klassischen Cowboy-Epen mit ihren klischeehaften Helden und Schurken oder ihren naiven Schönheiten.

Und so scharen sich in dem kleinen norditalienischen Dorf immer mehr Zuschauer im Halbkreis um die Schauspieler. Sie lachen und grölen, als Pagliaccio mal wieder kein Fettnäpfchen auslässt, während Colombina geschickt den alten Pantalone umgarnt und der Dottore den Pagliaccio zu belehren versucht, während hinter deren Rücken die Liebenden ihr Stelldichein halten. Zumindest für diesen Abend haben die Menschen ihre Alltagssorgen vergessen.

Zabaione

Zutaten für 4 Personen:

8 Eigelbe
80 g Zucker
gemahlener Zimt
200 ml lieblicher Weißwein
(Vin Santo oder Marsala)
1 unbehandelte Zitrone

Zubereitung:

Die Zitrone waschen und den äußersten gelben Schalenanteil fein abreiben (nicht das Weiße verwenden, denn es schmeckt bitter). Dann die Zitrone auspressen. Die Eigelbe mit dem Zucker schaumig aufschlagen, danach den Wein, die abgeriebene Zitronenschale und etwas Zimt dazugeben. Jetzt die Creme in ein heißes Wasserbad stellen und mit dem Schneebesen so lange kräftig aufschlagen, bis sie schön dickflüssig ist. Zum Schluss mit einem Spritzer Zitronensaft abschmecken, in Portionsschälchen anrichten und mit etwas Zimt bestäuben.

Profiterole – Schokoladen-Windbeutel

Zutaten:

100 g Mehl
50 g Butter
2 EL Zucker
3 Eier
400 ml Sahne
40 g Zucker
10 g Vanillezucker
200 g Edelbitterschokolade
Salz

Zubereitung:

Für die Windbeutel die Butter mit 200 ml Wasser, 20 g Zucker und einer Prise Salz erhitzen. Das Mehl dazusieben. So lange rühren, bis der Teig sich vom Boden löst. Die Eier verquirlen. Den Topf vom Herd nehmen die Eier rasch unterrühren. Etwa haselnussgroße Teighäufchen mit der Spritztülle auf ein mit Backpapier ausgelegtes Blech geben und 35 Minuten bei 180°C im vorgeheizten Ofen backen. Für die Füllung 250 ml Sahne mit dem restlichen Zucker und dem Vanillezucker steif schlagen.

Die fertigen Windbeutel abkühlen lassen, dann aufschneiden, mit der Sahne füllen, wieder zusammensetzen und in einer Schale dicht nebeneinandersetzen. Die Edelbitterschokolade im Wasserbad erhitzen und mit der restlichen Sahne vermischen. Die Sauce etwas abkühlen lassen und über die Windbeutel geben.

Buon Capodanno – Silvester in Italien

Ich hatte mich eigentlich nicht sehr darüber gewundert, dass meine italienischen Freunde sich zu Weihnachten unter anderem rote Unterwäsche schenkten. Zugegebenermaßen war es mir ein bisschen peinlich, an dieser Intimität teilzuhaben. Aber keinem anderen Mitglied der großen Familie schien es unangenehm zu sein, weder der betagten „nonna", der Großmutter, noch ihren Enkelkindern, noch sonst irgendwem.

In diesem Jahr verbrachte ich Weihnachten und den Jahreswechsel bei meinen römischen Freunden. Viele Italiener verreisen in dieser Zeit, beliebte Ziele sind die Malediven oder Kuba. Mehrere Millionen sollen es sein, die regelmäßig vor den Feiertagen flüchten.

Der Rest bleibt daheim und feiert, wie könnte es anders sein, im Kreis der ganzen Familie. So auch meine Freunde in Rom. Die Weihnachtsgeschenke werden am 25. Dezember verteilt, traditionell bringt aber die Hexe Befana erst am 6. Januar den Großteil der Gaben.

Die Weihnachtstage gingen mit üppigen Festessen vorbei und die Zeit zwischen den Tagen brach an. Ich schlenderte durch die winterlich kühlen Straßen Roms und betrachtete die Auslagen in den Geschäften. In den Boutiquen glänzten paillettenbestickte Abendroben und elegante Cocktailkleider, eine passende Garderobe für den bevorstehenden Silvesterabend, die magischste Nacht des Jahres. Wenn sich auch ihr Name von Papst Silvester herleitet, der am 31. Dezember 335 in Rom starb, so ist doch der Ursprung des Festes heidnischer Natur, denn schon die alten Römer feierten in den Tagen um die Wintersonnenwende ausgiebig und ausschweifend die „Saturnalien“, eine wochenlang andauernde Partytime.

Diese wilden Feste, die vor zwei Jahrtausenden die Stadt um mich herum prägten, malte ich mir aus, während ich weiterschlenderte. Bis der nächste Laden mich abrupt aus meinen Gedanken riss: Das Fenster des edlen Dessouladens zeigte ausschließlich rote Unterwäsche! Von filigranen Spitzen-BHs und zierlichen Tangas über robustere Baumwollschlüpfer bis zu einer weiten Boxershorts mit der dicken Aufschrift „Armani“ – alles feuerrot!

Meine Freunde klärten mich auf: Es ist in Italien Brauch, in der Silvesternacht rote Unterwäsche zu tragen, und Paare schenken sich diese gerne schon zu Weihnachten. Warum das so ist, tja, keiner schien es so genau zu wissen. Die Farbe Rot bringe Glück, erzählte mir die Nonna, und die ganze Tradition gehe eigentlich auf Marco Polo zurück, der habe nämlich seinerzeit eine Geschichte aus China mitgebracht, die man sich dort von Generation zu Generation weitererzählte.

Die Enkel bekamen große Augen und bettelten, per favore, nonna, bitte erzähl uns die Geschichte! Die Nonna lehnte sich genüsslich in ihrem großen Lehnstuhl zurück, schloss die Augen und begann zu erzählen:

Es war einmal in China eine große Not, denn ein mächtiges und gefährliches Tier bedrohte die Menschen. Das Tier hieß Nian. Jahr für Jahr erschien es in der Neujahrsnacht und jagte die Dorfbewohner. Die Angst und das Leid waren unvorstellbar, denn Nian verschlang viele Leute auf einmal. Eines Tages kam ein alter Mann ins Dorf und versprach den Menschen Hilfe. Er ging zu Nian und fragte diesen, ob er statt wehrloser Menschen auch wilde Tiere besiegen könne oder ob er zu feige dazu sei.

Nian stürzte sogleich los und jagte alle wilden Tiere, die den Menschen das restliche Jahr über das Leben schwer gemacht hatten. Der alte Mann aber riet den Dorfbewohnern, fortan in der Nacht der Jahreswende rote Papierdekorationen in die Fenster zu hängen, denn diese würden Nian fernhalten. Dann schwang er sich auf Nians Rücken und ritt davon – weder der alte Mann noch Nian wurden jemals wiedergesehen. Doch Jahr für Jahr hängen die Chinesen seit dieser Zeit rote Scherenschnitte in ihre Fenster, wenn der Jahreswechsel naht. Denn sie glauben, dass Nian die Farbe Rot fürchtet. Rot bringt den Menschen also Glück.

So endete die Erzählung der Nonna. Ihre Tochter, meine Freundin, rief mich in die Küche, reichte mir ein Glas Wein und flüsterte augenzwinkernd: „Das erzählen die Alten, aber andere sagen, amore, sesso, alcol – Liebe, Sex, Alkohol – was du in der Silvesternacht hast, das hast du das ganze Jahr!"

Wie dem auch sei, wichtig ist noch, dass die rote Unterwäsche spätestens am Neujahrstag weggeworfen werden muss – besser natürlich noch in der Silvesternacht. Sonst wird es nämlich nichts mit dem Glück.

Den Silvesterabend feiert man entweder zu Hause oder im Restaurant. Im Wesentlichen wird den ganzen Abend gegessen, ein Gang folgt auf den anderen, wobei das Silvesteressen aus reichlich Fisch und Meeresfrüchten besteht. Zwischendurch wird getanzt, es gibt Tombolas oder man veranstaltet Karten- und Wettspiele. Natürlich gibt es auch Wein, aber nicht so viel, und zwischen den Gängen reicht man Plätzchen oder in Teig ausgebackene Salbeiblätter, um die Wirkung des Alkohols zu dämpfen. Schließlich ist der Abend lang!

Wir blieben zu Hause, und von dem vielen köstlichen Essen war mir schon ganz schummerig, als endlich der große Zeitpunkt kam: Mitternacht!

Die Proseccokorken knallten und mischten sich unter das Krachen der Feuerwerkskörper, von denen es aber bei Weitem nicht so viele gab, wie zu Hause in Deutschland. Vielleicht habe ich es auch nicht richtig mitbekommen, denn ich war zu verblüfft: Die ganze Familie stürzte auf den Balkon oder an die Fenster und begann wie wild, Geschirr auf die Straße zu werfen!

Ja, erklärte mir meine Freundin, auch das sei eine Tradition: Man werfe das alte Geschirr auf die Straße, um Platz für Neues zu schaffen, das verheiße Glück. Früher, so erzählte sie weiter, hätten die Leute ganze Möbelstücke auf die Straße geworfen, sodass nächtliche Fußgänger immer in der Straßenmitte gegangen seien. Aber das tue man heute in der Regel nicht mehr, weil es zu gefährlich sei.

Ach, da konnte ich ja beruhigt sein. Mir würde also in der Silvesternacht in Italien kein Sofa an den Kopf fliegen, sondern allenfalls noch eine Suppenterrine…

Kaum hatte ich mein Glas Mitternachtsprosecco geleert, da rief die Nonna schon wieder zu Tisch, und darauf stand eben jene Suppenterrine, an die ich zuletzt gedacht hatte. Die Nonna hob den Deckel und gab eine mächtige Linsensuppe frei, in der fette Schweinswurst schwamm. Wie sollte ich denn das jetzt noch essen? Ich versuchte zu erklären, dass ich nach all den leckeren Menügängen satt sei, aber damit kam ich nicht durch.

Die Linsen symbolisieren Geld, Linsensuppe um Mitternacht in der Silvesternacht gegessen verheißt Reichtum für das bevorstehende Jahr. Deshalb ist es Pflicht, Linsensuppe zu essen, da gibt es kein Pardon. Traditionell bereitet man sie mit Zampone, einem mit fettem Hackfleisch gefüllten Schweinsfuß, oder mit Cotechino, einer Wurst aus Schweinefleisch.

Ich löffelte also brav meinen Teller Linsensuppe und atmete erleichtert auf, als es endlich geschafft war. Da brachte meine

Freundin schon das Nächste auf den Tisch: Das Pandoro, den traditionellen italienischen Weihnachtskuchen. Dazu gab es einen ordentlichen Schlag Vanilleeis. „Das Pandoro muss bis zum 6. Januar, wenn die Hexe Befana kommt, aufgegessen sein, sonst bringt das Unglück", erläuterte meine Freundin. Warum das nun unbedingt auch noch in der Silvesternacht erledigt werden musste, verstand ich aber nicht so ganz.

Am Neujahrstag bat ich insgeheim, dass es möglichst nichts zu essen geben möge. Aber das ist in Italien natürlich unvorstellbar. Die Frage, warum nicht alle Italiener schwer übergewichtig seien, fasste meine Freundin als Scherz auf und lachte nur. Und als ich sie dann fragte, ob sie ihre rote Unterwäsche ordnungsgemäß weggeworfen habe, da zwinkerte sie mir bloß zu.

Cotechino e lenticchie – Linsen mit Schweinswurst

Zutaten für 4 Personen:

1 Cotechino (Koch- oder Schlackwurst aus Schweinefleisch, ersatzweise 1 große, würzige Fleischwurst)
400 g gelbe Linsen
200 ml trockener Weißwein
3 Möhren
1 Zwiebel
1 Stange Staudensellerie
2 Lorbeerblätter
2 El Tomatenmark
4 El Olivenöl
Salz
Pfeffer

Zubereitung:

Die Wurst über Nacht wässern. Dann das Wasser wegschütten, die Wurst in einem Topf mit Wasser bedecken, aufkochen und 2 ½ Stunden leicht köcheln lassen (nicht kochen, da die Haut aufspringen würde). Die Linsen in ungesalzenem Wasser 15 Minuten kochen, bis sie weich sind. In ein Sieb abgießen, mit fließendem Wasser spülen und beiseitestellen. Möhren, Sellerie und Zwiebel schälen und würfeln. Das Olivenöl in einem Topf erhitzen und das Gemüse darin goldgelb anbraten. Die Hitze reduzieren, mit dem Wein ablöschen. Das Tomatenmark mit einer Kelle Wurstbrühe verrühren und mit den Lorbeerblättern zugeben. 15 Minuten sanft köcheln lassen, dann die Linsen zugeben, untermischen und 5 Minuten ziehen lassen, mit Salz und Pfeffer abschmecken.

Derweil den Topf mit der Wurst von der Kochstelle nehmen und noch 15 Minuten ziehen lassen.

Das Linsengemüse in einer vorgewärmten Terrine anrichten, die Lorbeerblätter entfernen. Die Wurst aus dem Sud nehmen, in ca. 1 cm dicke Scheiben schneiden und auf das Linsengemüse legen.

Nicht immer eine runde Sache – die Pizza

Mit keiner kulinarischen Errungenschaft ist es den Italienern in vergleichbarer Weise gelungen, die Welt zu erobern, wie mit der Pizza. Fast überall hat sie sich ihren Platz auf dem Speiseplan der Menschen gesichert. Und dennoch: Ein echter Italiener würde sich schütteln, wenn er sähe, was mancherorts so als Pizza verzehrt wird: fetttriefende Pfannenpizzen, übervoll belegte, dicke Fladen mit gelbem Käse, steinhart gebackene Tiefkühlpizzen – eine richtige Pizza muss in der Mitte ganz dünnen Teig haben, ist nicht allzu üppig belegt und mit bestem Olivenöl beträufelt. Kommt sie dann noch aus einem klassischen Steinofen, der mit gutem Holz befeuert ist, dann ist sie perfekt und garantiert höchsten Genuss. Bevor wir uns nun aber mit der Herstellung dieses schlichten Meisterwerks beschäftigen, werfen wir einen Blick auf seine Geschichte und seinen unaufhaltsamen Siegeszug.

Etymologisch betrachtet taucht der Begriff „picea“ erstmals um das Jahr 1000 n. Chr. im neapolitanischen Dialekt auf. Das Wort bedeutete so viel wie „Ruck“, womit man vermutlich die Handbewegung beim Entnehmen aus dem Ofen meinte.

Die Ursprünge dieses Gerichts gehen aber auf die Etrusker in der Toskana zurück, die schon 2.000 Jahre früher einfachen Teig auf Steinen neben einem Feuer backten. Im Laufe der Zeit begannen sie, dieses Brot mit den verschiedensten Belägen zu versehen, sodass es als essbarer Teller fungierte. Manchmal wurde der Teig auch schon vor dem Backen ein wenig gewürzt, die Nachfahren dieses etruskischen Brotes werden noch heute unter der Bezeichnung „Focaccia“ in Italien verzehrt. Allerdings kamen die Griechen der Antike erstmals auf die Idee, den Teig schon vor dem Backen zu belegen. Damit leisteten sie einen bedeutenden Beitrag zur Entstehung der Pizza, was die Italiener heutzutage natürlich gar nicht gerne hören.

Die Römer bedienten sich beider Ideen und schufen die ersten Prototypen der Pizza, die sie auf ihren Eroberungszügen im damals bekannten Teil der Welt verbreiteten. Hunderte von Variationen entstanden auf diese Weise, je nach Region und verfügbaren Lebensmitteln. Der römische Geschichtsschreiber Cato der Ältere (234-149 v. Chr.) erwähnt in einer seiner Schriften „flache Teigrunde mit Olivenöl, Gewürzen und Honig, gebacken auf Stein“. An der pompejanischen Straße Via del'Abbondanza fand man die Ruinen von kleinen Buden, die ganz den Anschein von Schnellpizzerien vermitteln und offenbar als Imbissstände für arme Leute dienten. Doch auch die reichen Römer labten sich bei ihren Festessen neben vielen anderen dargebotenen Speisen mitunter an Pizza. Und von Papst Paul IV. (1476-1559) ist überliefert, dass sich unter den 25 Gängen, die er sich pro Mahlzeit servieren ließ, auch jeweils eine Pizza befand.

Doch in erster Linie blieb diese frühe Form der Pizza ein Armeleuteessen und dümpelte als solches jahrhundertelang vor sich hin. Denn bis die Tomate ihren Weg auf die Pizza fand, sollte noch einige Zeit vergehen. Erst 1522 brachten Seefahrer die ersten Tomatensamen aus Südamerika nach Europa. Die daraus gezogenen Pflanzen mit ihren gelben Früchten dienten – genau wie die Kartoffeln – zunächst als Zierpflanzen bei der Gartengestaltung.

Die Anhängerschaft dieser gelben Früchte war zunächst noch recht übersichtlich, denn die meisten Europäer hielten Tomaten für giftig. Doch in der Armut schaut man ja eher über solche Dinge hinweg, und so kam es, dass in der Gegend von Neapel erstmals Tomaten auf den Teig gelegt wurden. Während die Tomate im restlichen Europa noch bis ins 18. Jahrhundert ihr Dasein als Zierpflanze fristete, avancierte die Tomatenpizza im neapolitanischen Raum längst zur lokalen Spezialität. In den ärmeren Stadtvierteln der Stadt, vor allem in Santa Lucia, eröffneten im 19. Jahrhundert die ersten Backstuben, in denen der Pizzabäcker – genannt Pizzaiolo – seine mittels akrobatischem Wirbeln durch die Luft hauchdünn gewordenen Fladen in glühend heißen gemauerten Öfen zur Perfektion backte. Die Pizzeria Port'Alba in der Via Port'Alba 18 in Neapel, die 1830 eröffnet wurde und noch heute existiert, gilt als älteste Pizzeria der Welt. Sie diente als Lokal für Arbeiter, denn um Pizza zu servieren, brauchte man weder teure Teller noch musste man diese hinterher mit kostbarem Wasser abwaschen. Ursprüngliche Backstuben dieser Art findet man noch heute in den Gassen von Neapel, und Kenner behaupten, an diesen unscheinbaren Orten entstehe die beste Pizza der Welt.

Raffaele Esposito, einem neapolitanischen Pizzaiolo, gebührt die ungeheure Ehre, als erster Pizzalieferant in die Geschichte eingegangen zu sein. Denn König Umberto und seine Gemahlin Königin Margherita von Savoyen ließen sich von ihm aus seinem damals hochgerühmten Lokal „Pietro il Pizzaiolo“ im Jahr 1889 eine Pizza liefern. Die Königin war begierig darauf, die lokale Spezialität kennenzulernen, sah sich jedoch außer Stande, persönlich einen so gar nicht standesgemäßen Ort wie eine Pizzeria aufzusuchen. So schickte man einen Boten und beauftragte den erstaunten Pizzaiolo mit der Lieferung. Königin Margherita bevorzugte die einfachste der drei Varianten, die Esposito ihr brachte: Pizza mit einem Belag von Tomaten, Mozzarella und frischem Basilikum, patriotisch in den italienischen Nationalfarben grün, weiß und rot gehalten. Und so erhielt diese Pizza auch gleich ihren Namen – die Pizza Margherita, eine der beliebtesten Pizzen der Welt.

Um die gleiche Zeit brachten italienische Emigranten die Pizza über den großen Teich. Hier jedoch fehlten einige der wichtigsten Zutaten wie Mozzarella oder Oregano. So kam es zur Entwicklung der amerikanischen Variante. 1943 wurden die ersten Pizzen im Chicago Style verkauft: in Pfannen zubereitet und dick mit Käse und allerhand deftigen Zutaten belegt. Diese Art der Pizza fand bei den Fast-Food-Anhängern Amerikas großen Anklang.

Das Jahr 1948 bescherte uns den ersten Fertigpizzateig, mit der ersten Tiefkühlpizza wurde die Menschheit 1957 von den amerikanischen Brüdern Celentano beglückt. So begann der Siegeszug der Pizza auch durch die Tiefkühltruhen dieser Welt.

In ihrem Heimatland Italien ist die Pizza eigentlich eine Vorspeise oder ein Imbiss und wird, in Dreiecke geschnitten und oftmals zusammengeklappt, mit der Hand gegessen. Die in der restlichen Welt verbreitete Vorstellung, Pizza sei eine vollständige Mahlzeit, ist den Italienern fremd.

Jährlich an die zweieinhalb Milliarden Pizzen werden in Italien verspeist, das entspricht 45 Pizzen pro Kopf und Jahr. Das ist allerdings in Amerika nicht anders. Einer Statistik zufolge werden dort täglich so viele Pizzen verzehrt, dass sie zusammengenommen einer Fläche von 30 Hektar entsprächen.

Darüber, wer die Pizza letztendlich erfunden hat, wird in Italien heiß diskutiert und gestritten, denn außer Neapel beanspruchen auch andere Regionen und Städte die Ehre für sich. Und letztlich gab es auch anderenorts schon lange pizzaartige Speisen, man denke an den Flammkuchen aus dem Elsass, an die Schwabenpizza Dinnete oder an die türkische Pizza Lahmacun. Doch letztendlich liegt der Ursprung der Pizza, wie wir sie heute kennen, wohl am ehesten in Neapel. Hier nimmt man die Sache sehr ernst, weshalb es 1952 sogar zu einer diplomatischen Krise kam, als der damalige US-Präsident Eisenhower erklärte, er habe in New York eine köstlichere Pizza als in Neapel gegessen.

Doch kommen wir nun zur Herstellung. Um eine runde Sache und keine Enttäuschung zu kreieren, bedarf es vor allem der richtigen Zutaten. Das Wasser, das für den Pizzateig Verwendung findet, sollte lauwarm und auf keinen Fall kalkhaltig sein. So behaupten die Neapolitaner, dass das Geheimnis ihrer Pizza in dem weichen Wasser liege, das von einer Quelle in Avellino aus in Teile der Stadt geführt wird.

Der Teig besteht nur aus Mehl, Hefe, Salz, Wasser und Olivenöl. Das heißt vor allem, dass die Hefe keinesfalls mit Zucker angerührt werden darf und der Teig daher länger zum Aufgehen benötigt. Außerdem wird in Italien wesentlich weniger Hefe verwendet, als bei uns in Deutschland üblich. Denn je weniger Hefe, desto geschmackvoller der Teig: Hefe „frisst" das Aroma und nimmt dem Mehl seinen typischen Geschmack. Und selbstverständlich wird nur frische Hefe verwendet. Der Teig muss mit den Händen geknetet werden, darf dabei aber nicht warm werden. Er wird ausschließlich von Hand geformt, dadurch bleibt die Pizza am Rand dicker.

Eine ganz wichtige Rolle spielt auch das Olivenöl, das von bester Qualität sein sollte. Etwas Olivenöl wird dem Teig beigegeben, und auf die Pizza wird Öl geträufelt, was in Neapel traditionell in Form einer aus Öl gegossenen Sechs geschieht. Auch über die fertige Pizza wird in manchen Regionen noch etwas Öl geträufelt, manchmal ist dieses mit Peperoncino oder frischem Basilikum aromatisiert.

Würzige Tomaten sind eine weitere entscheidende Zutat. Sie werden klein geschnitten und dünn auf der Pizza verteilt. Auch die Verwendung einer vorher eingekochten Tomatensauce ist möglich. Gewürzt wird mit Oregano, Salz und Pfeffer.

Mozzarella ist der Käse, der auf einer neapolitanischen Pizza Verwendung findet. Echter Mozzarella di bufala, der Büffelkäse aus Kampanien, sorgt für ein besonderes Aroma. Doch kann man auch den einfachen Mozzarella verwenden, der aus Kuhmilch hergestellt wird. Der Mozzarella wird in Stücke gezupft und nicht zu üppig auf der Pizza verteilt. Ist der Teig fertig belegt und mit Öl beträufelt, so muss die Pizza sofort in den Ofen, damit sie nicht durchweicht und matschig wird.

Den einzigartigen Geschmack erhält die Pizza erst durch das Backen im Holzofen bei 400 – 450 Grad Celsius. Der Ofen hat traditionell ein rundes Gewölbe und einen Boden aus Ziegeln. Mit der Holzschaufel wird die Pizza direkt auf den Boden gelegt. Das Feuerholz muss möglichst raucharm sein. Durch die große Hitze reduziert sich die Backzeit auf wenige Minuten, was bewirkt, dass der Rand aufgeht und knusprig wird, der Belag aber saftig bleibt.

Den letzten Schliff verleiht der Pizza das frische Basilikum. Das königliche Kraut – der Name stammt vom griechischen Wort „basilikos", was „königlich" bedeutet – wurde im ersten Jahrhundert v. Chr. aus Persien eingeführt. Damit es seinen Duft nicht verliert, wird es erst kurz vor Ende der Backzeit oder erst danach auf die Pizza gegeben.

Die genannten Grundzutaten reichen für eine Pizza Margherita. Nach Geschmack und Fantasie lässt sich der Belag aufs Vielfältigste variieren: mit Pilzen, Gemüse, Schinken oder Meeresfrüchten, Oliven, Parmesan oder Rucola. Das geht hin bis zu so exotischen Ideen wie „Pizza Hawaii" mit Ananas,

Pizza mit Würstchen, mit Spaghetti oder – noch schlimmer – mit Pommes Frites belegt.

Der Erfindungsreichtum der italienischen Küche und der interkulturelle Austausch haben die Pizza zu dem werden lassen, was sie heute ist. Und die Kreativität der Pizzaioli in aller Welt wird dafür sorgen, dass die Vielfalt der Varianten weiter steigt. Doch unübertroffen bleibt die einfache Pizza aus der kleinen Pizzeria irgendwo in Italien.

Pizza napoletana – Pizza auf neapolitanische Art

Zutaten:

500 g Mehl
½ Würfel Hefe
300 g Tomaten aus der Dose (stückig)
einige schwarze Oliven (entsteint)
2 gut abgetropfte Kugeln Büffelmozzarella
Oregano
schwarzer Pfeffer aus der Mühle
Olivenöl
einige Basilikumblättchen
Mehl für die Arbeitsfläche
Salz

Zubereitung:

Die Hefe zerbröckeln und in 300 ml lauwarmem Wasser liegen lassen, bis sich auf dem Wasser Schaum bildet. Diese Flüssigkeit mit dem Mehl, etwas Olivenöl und Salz verkneten (der Teig soll geschmeidig sein und nicht an den Händen kleben). 5 Minuten lang kräftig kneten, dann mit einem Geschirrtuch abdecken und 1½ Stunden an einem warmen Platz gehen lassen. Den Mozzarella in Fetzen reißen, den Backofen auf höchste Temperatur vorheizen. Den Teig noch einmal durchkneten, zur Kugel formen, auf der eingemehlten Arbeitsplatte sehr dünn auswalzen und auf ein mit Backpapier ausgelegtes Backblech legen. Für Pizza gilt: Je heißer der Ofen und je dünner der Teig, desto besser.

Die Tomaten mit der Gabel auf dem Teig verteilen, salzen und mit ein wenig Oregano bestreuen. 10 Minuten lang backen. Dann mit Mozzarella und Oliven belegen und weitere 3 Minuten backen. Vor dem Servieren mit etwas Olivenöl beträufeln, schwarzen Pfeffer darübermahlen und die Basilikumblättchen auf der Pizza verteilen.

Schlafender Dämon – der Vesuv

Fast zwei Jahrtausende ist es her, dass eine gewaltige Katastrophe die antike Welt erschütterte. Eine Katastrophe, die als eine der bekanntesten in die Geschichte eingehen sollte: Ein verheerender Ausbruch des Vesuvs, dem die römischen Siedlungen Herculaneum, Pompeji und auch Stabiae zum Opfer fielen.

Der Vesuv, dieser berüchtigte Vulkan bei Neapel, ist ganze 1.277 Meter hoch. Doch hier fangen die Schwierigkeiten schon an: Mal ist er 1.277 Meter hoch und mal wieder nicht, denn seine Höhe verändert sich bei jedem Ausbruch. Und wer nun meint, der Vesuv sei ja lange nicht mehr ausgebrochen, der täuscht sich. Durch die Jahrhunderte hindurch reihen sich Ausbrüche wie die Perlen einer Kette aneinander. Es scheint nur eine Frage der Zeit zu sein, wann der nächste bevorsteht, und vor allem, mit welcher Wucht er den lieblichen und vermeintlich friedlich in der Sonne liegenden Golf von Neapel treffen wird.

Damals, im Jahre 79 n. Chr., traf der Ausbruch die Menschen völlig unvorbereitet. Hätte es schon die moderne Vulkanologie gegeben, so wären sie allerdings vorgewarnt gewesen. Denn bereits in den Jahren 63 und 65, unter der Herrschaft des Kaisers Nero, kam es zu kleineren Ausbrüchen. Und schon 62 erschütterte ein heftiges Erdbeben die Region und zerstörte Teile der Stadt Pompeji. Auch dem gewaltigen Ausbruch von 79 gingen solche Beben voraus.

Dem Geschichtsschreiber Plinius der Jüngere, der von einem Boot aus Augenzeuge der Ereignisse wurde, verdanken wir die detaillierte Schilderung der Geschehnisse.

Der 24. August 79 begann als ganz gewöhnlicher, sonniger Tag. Doch gegen zehn Uhr morgens erschütterten starke Erdstöße die Region, Dächer stürzten ein. Allerdings fühlte sich niemand gewarnt, denn Erdbeben gehörten am Golf von Neapel zum Alltag. Und dieser Alltag nahm auch jetzt seinen gewohnten Lauf. Das Leben auf dem Forum und in den Straßen erwachte, ein Tag wie jeder andere.

Zumindest bis zum Mittag. Denn mit einem gewaltigen Knall explodierte der Gipfel des Vesuvs, eine gigantische, pinienförmige schwarze Wolke brach daraus hervor. Binnen Sekunden stieg sie kilometerhoch auf. Lava ergoss sich talwärts, bedingt durch ihren hohen Gasanteil floss sie mit rasender Geschwindigkeit. Dazu fegten pyroklastische Ströme mit bis zu 300 Stundenkilometern die Hänge hinab.

Die Stadt Herculaneum, näher als Pompeji am Vesuv gelegen, wurde von einem solchen pyroklastischen Strom erfasst und unter heißen Schlammmassen begraben. Wer mit dem Schiff zu flüchten versuchte, den warf eine gewaltige Flutwelle zurück ans Land.

Zur gleichen Zeit töteten giftige Phosphordämpfe viele Bewohner Pompejis, die deshalb auf der Flucht vor dem Lavaregen auch in den Häusern keinen Schutz fanden. Andere versuchten, sich mit Kleidungsstücken und Kissen vor den niederprasselnden Gesteinsbrocken zu schützen, doch vergebens. Zwar führten die leichten Bimsstücke meist nicht zu schwereren Verletzungen, doch ihre schiere Menge begrub die Stadt in kürzester Zeit gnadenlos. Dächer stürzten ein, Türen und Fenster ließen sich nicht mehr öffnen. Die schwarze Wolke ließ Pompeji unter einer sechs bis sieben Meter dicken Schicht aus Asche, Lavabrocken und Bimssteinen verschwinden und radierte die Stadt für Jahrhunderte von den Landkarten.

Von den Todesqualen der Pompejianer zeugen die Gipsabgüsse, die während der späteren Ausgrabungen entstanden. Die Archäologen gossen Gips in Hohlräume, die von Körpern in der Lava hinterlassen worden waren, und machten so erschütternde Bilder des großen Sterbens von Pompeji sichtbar.

Erst drei Tage nach dem Ausbruch kam die Sonne wieder zum Vorschein und beleuchtete ein Bild der Verwüstung. Die prosperierende Region war komplett ausgelöscht worden.

Doch unbeirrt kamen die Menschen zurück an die fruchtbaren Hänge des furchtbaren Riesen. Schon im Jahre 202 erfolgte der nächste Ausbruch, gefolgt von etlichen weiteren. Im Dezember 1631 starben um die 4.000 Menschen, als eine Eruption fast alle Orte am Fuß des Berges zerstörte. Die Lava drohte sogar, sich einen Weg nach Norden in Richtung Neapel zu bahnen, was noch weit schlimmere Konsequenzen nach sich gezogen hätte. Im gleichen Jahrhundert sollten noch vier weitere Ausbrüche folgen, denen sich im 18. Jahrhundert eine ständige Aktivität anschloss. Selbst der berühmte Italienreisende Johann Wolfgang von Goethe bekam die Macht des Vulkans 1787 zu spüren, als ihm ein Ausbruch den Reiseweg abschnitt. Unbeirrt erklomm der Dichterfürst den tätigen Vesuv trotzdem.

Im 19. Jahrhundert entstand ein Observatorium, das schon wenige Jahre später fast von einem Ausbruch zerstört worden wäre. Die großen Eruptionen vom April 1872 sind die ersten, die von frühen Fotografen festgehalten werden konnten. 1906 erfolgte ein Ausbruch, der den Berg beachtliche 200 Meter niedriger zurückließ. Die letzte große Eruption im März 1944 sprengte den heutigen Krater frei, den zuvor ein Lavadeckel verschlossen hatte. Die Städtchen Massa di Somma und San

Sebastiano wurden damals vollständig zerstört. Und auch die durch das Volkslied „Funiculi, Funicula“ berühmt gewordene Seilbahn an den Hängen des Vesuvs fiel der Lava zum Opfer.

Seitdem ruht der Riese. Er zählt zu den meisterforschten und berühmtesten Vulkanen der Erde, stets beobachtet von den wachsamen Vulkanologen des Observatoriums, das sich in 608 Metern Höhe befindet. Sein heutiger Krater hat einen Durchmesser von 700 Metern und ist etwa 200 Meter tief. Eigentlich besteht er sogar aus zwei Vulkanen, dem Monte Somma und dem Monte Vesuvio. Er ist ein sogenannter Schichtvulkan, was bedeutet, dass er aus einer Wechselfolge von Lava und lockerem Tuffmaterial aufgebaut ist, wobei ständig Magma von unten nach oben drückt und dem Vulkan seinen kegelartigen Habitus verleiht. Durch Einsturz von Hohlräumen kann es immer wieder zu kesselförmigen Vertiefungen kommen, in denen neue Vulkane entstehen. Der Vulkantypus des Vesuvs gilt als einer der gefährlichsten von allen.

Je länger die Ruhe anhält, desto wahrscheinlicher wird ein gewaltiger neuer Ausbruch. Umso genauer beobachten die Wissenschaftler das Geschehen. Vor einigen Jahren entdeckten sie in acht Kilometern Tiefe eine 400 Quadratkilometer große Magmakammer. Der Schlot des Vesuvs ist von einem riesigen Pfropfen aus kalter Lava verschlossen, jedoch drängt das glühende Magma zusammen mit heißen Gasen nach oben und übt Druck auf diesen Pfropfen aus. Was geschieht, wenn er gesprengt wird, wagt man sich kaum vorzustellen.

Der Aufstieg des Magmas wird allerdings von kleineren Erdbeben begleitet, die als Vorzeichen eines Ausbruchs gelten. Auch die Gase, die das Magma begleiten, können Aufschlüsse über eine bevorstehende Eruption geben. Deshalb werden die austretenden Dämpfe am Vesuv ständig kontrolliert. Wärmebildkameras erstellen zusätzlich von einem Satelliten aus stündlich Hitzeprofile des Vulkans, Sensoren messen jede noch so kleine Bodenbewegung und funken die Daten zum Observatorium. Mit all diesen Daten hoffen die Vulkanologen, den nächsten Ausbruch rechtzeitig vorhersagen zu können. Doch trotz aller Frühwarnsysteme bleibt der Erfolg ungewiss.

Eine rechtzeitige Warnung wäre allerdings bitter nötig, denn die Region um Neapel gehört zu den am dichtesten besiedelten Vulkangebieten der Welt. Hier leben heute etwa drei Millionen Menschen. Allein 500.000 davon wohnen in der sogenannten „roten Zone", in der pyroklastische Ströme alles Leben auslöschen würden.

Zehn Kilometer ist der Vesuv von Pompeji entfernt, zwölf Kilometer trennen ihn vom Zentrum Neapels. Die Millionenstadt, eingekreist vom Vesuv auf der einen und vom Supervulkan der Campi Flegrei, der „brennenden Felder", auf der anderen Seite, ist einer der gefährlichsten Orte der Welt. Je länger der Vulkan ruht, desto mehr sammelt er seine Kräfte und desto heftiger droht der nächste Ausbruch zu werden.

Die Bewohner der fruchtbaren Landschaft, denen der Lavaboden drei Ernten im Jahr beschert, scheinen die Bedrohung mit der sprichwörtlichen italienischen Gelassenheit hinzunehmen. An einer Evakuierungsübung, die vor ein paar Jahren stattfand, nahm fast niemand teil. Die offiziellen Evakuierungspläne gehen allerdings auch von einer utopischen Vorwarnzeit von zwei Wochen aus. Tatsächlich ist es noch nie gelungen, einen Vulkanausbruch so zeitig vorherzusagen. Und wenn der Ausbruch begonnen hat, ist es zu spät. In etwa sechs Minuten, so schätzt man, wird die Lava vom Kraterrand bis zur Küste geflossen sein. Da bleibt keine Zeit mehr zur Flucht.

„Vesuvia" heißt daher ein Plan der italienischen Regierung, ein Kunstwort zusammengesetzt aus „via" – „weg" – und Vesuv, welches das Vorhaben bezeichnet, die Menschen fort vom Vesuv zu führen. 150.000 Personen sollten mit dessen Hilfe umgesiedelt werden, Prämien von 30.000 Euro pro Familie sollen zum Wegzug motivieren. Doch der Erfolg bleibt aus. Im Gegenteil, allein in den letzten 20 Jahren entstanden in der roten Zone schätzungsweise 50.000 illegal gebaute neue Häuser.

So tanzen wir auf dem Vulkan und huldigen ihm mit einem Besuch. Die Straße an seinem Hang führt durch liebliche Weingärten und bewaldete Täler. In 1.000 Metern Höhe erwartet uns ein Parkplatz mit überquellenden Souvenirständen, wo wir glitzernde Ketten aus vulkanischem Glas und Putten aus Bims erwerben können. Ein gebührenpflichtiger steiler Schotterweg führt nach oben zum Krater.

Der Blick auf die Küste und die Stadt Neapel ist an klaren Tagen überwältigend. Am Rand des mächtigen Schlotes steigen mitunter vereinzelte dünne Rauchfähnchen auf. Hoffen wir, dass die Vulkanologen ihre Gehälter auch wirklich wert sind. Wie heißt es doch so schön: „Vedi Napoli e poi muori" – Neapel sehen und sterben. Heute jedoch nicht!

Erloschen ist der Riese endlich,
gelassen bietet er sich dar
und ist nun gar nicht mehr erkenntlich
als Unheilbringer, der er war.

Er, der friedlich und von Reben
umrankt dem blauen Meer entsteigt,
hat einst mit Donnern und mit Beben
den Menschen seine Macht gezeigt.

Lava goss er aus in Mengen,
Asche regnete zu Tal,
alles Leben an den Hängen
endete in Tod und Qual.

Zischend schluckten Meereswogen
Lavaglut im Feuerschein,
Wasser hat sie aufgesogen,
lass nun ewig Frieden sein.

(Dr. Carl Irmscher)

Orata in crosta di sale – Dorade in Salzkruste

Zutaten für 4 Personen:

1 frische Dorade (ca. 1.500 g, ausgenommen, aber nicht geschuppt)
4 kg grobes Meersalz
4 Eiweiße
2 Zitronen
frische und gehackte Kräuter (nach Geschmack und Verfügbarkeit, z. B. Petersilie, Thymian, Kerbel, Rosmarin)
Pfeffer

Zubereitung:

Den Fisch waschen, die Flossen und die Kiemen herausschneiden. Mit Küchenkrepp trocknen.

Das Salz mit den Eiweißen mischen und ca. 300 ml kaltes Wasser langsam einrühren. In eine hohe Auflaufform (der Fisch muss so hineinpassen, dass rundherum noch ein paar Zentimeter Platz bleiben) etwa ein Drittel der Salzmasse einfüllen. Ein Drittel der Kräuter auf dem Salz verteilen. Den Fisch von innen pfeffern und mit einem weiteren Drittel der Kräuter füllen. Die Bauchöffnung wieder schließen, damit möglichst kein Salz eindringt. Den Fisch auf das Salz legen, mit den restlichen Kräutern bestreuen und mit dem verbliebenen Salz ganz bedecken, glatt streichen. Bei 200°C im Backofen 30 Minuten backen. Danach ist die Salzkruste steinhart und muss seitlich rundherum mit dem Messer vorsichtig aufgeschnitten werden. Der Fisch ist im eigenen Saft gegart, die Haut mit den Schuppen lässt sich leicht abheben, und darunter kommt das saftige, aromatische Fleisch zum Vorschein.

Dazu Salat, frische gedünstete Gemüse, Rosmarinkartoffeln oder Weißbrot reichen

Das weiße Gold der Toskana – Carrara-Marmor

Eine alte Legende erzählt vom Liebeskummer eines Hirtenmädchens, der die Sterne am Firmament so tief bewegte, dass sie eine ganze Nacht lang weinten. Glühende Steintränen regneten vom Himmel, und als sie die Erde berührten, erstarrten sie zu weißem Marmor. Weil die Sterne aber so viel weinen mussten, türmten sich ihre Tränen zu einem riesigen Gebirge auf: zu den Apuanischen Alpen. In der nordwestlichsten Ecke der Toskana gelegen, ragen ihre Gipfel bis in eine Höhe von 2.000 Metern empor. Ihre strahlend weißen Marmorwände wirken, als seien sie von Schnee bedeckt.

Mit ihren felsigen Rippen sind die Apuanischen Alpen wie geschaffen für Kletterer und Hochalpinisten. Aber auch Wanderer und Reiter, welche die wildromantischen Berg- und Saumpfade durchziehen, genießen hier ein grandioses Naturerlebnis. Man kann sogar mit dem Auto den kurvenreichen, aber gut ausgebauten Aussichtsstraßen folgen, die von der Versiliaküste ins Gebirge hinaufführen. Unzählige kleine Steinwerkstätten säumen den Weg, wo sich manche steinerne Kostbarkeit erwerben lässt. In der Höhe angekommen, hat man ein atemberaubendes Panorama vor sich. Denn der Blick schweift über gigantische Marmorsteinbrüche und riesige Halden von blendend weißen Gesteinssplittern, die Zeugnis davon geben, was Menschen hier während vieler Jahrhunderte betrieben haben.

Ströme von Marmor, weiß wie Schnee, fließen dem Talgrund zu, als wollten sie sich mit dem in der Ferne glitzernden Meer vereinen.

Vor 200 Millionen Jahren sah die Landschaft hier ganz anders aus. Es herrschte ein tropisch warmes Klima. Auf dem Grund eines flachen Meeres lagerten sich Muscheln und andere kalkhaltige Fossilien ab. Aufgrund des hohen Sauerstoffgehalts bildete sich dabei reiner Kalk. Darüber lagerten sich weitere Sedimentschichten ab, deren Druck zunächst einen spröden Kalkstein entstehen ließ. Durch tektonische Erdverschiebungen wanderte dieser 20 bis 30 Kilometer hinab ins Erdinnere, wo er sich durch enormen Druck und hohe Temperaturen verfestigte. Seine Struktur durchlief dabei eine Metamorphose, so entstand kristalliner Marmor. Über Jahrmillionen wurden die Schichten immer wieder gefaltet, bis das Gestein schließlich – unvorstellbar lange Zeit später – wieder an die Oberfläche gelangte.

Reiner weißer Marmor ist sehr selten, da er nur bei geringer Verschmutzung und extrem hohen Temperaturen entstehen kann. Die typische Marmorierung, die der Carrara-Marmor streckenweise zeigt, bildet sich durch die Einlagerung von Pyrit, einer Eisen-Schwefel-Verbindung. „Marmo Statuario" heißt der edelste Carrara-Marmor, ein sehr harter, reinweißer Stein. Bildhauer schätzen ihn besonders, weil sie nicht fürchten müssen, dass er an der falschen Stelle bricht. Er zeichnet sich durch seine Reinheit und seine feine Blässe aus, außerdem glänzt er wunderbar, wenn man ihn poliert. Aus einem Brocken dieses kostbaren Gesteins schuf Michelangelo seinen David.

In allen Epochen stellte weißer Marmor aus Carrara ein begehrtes Zeugnis von Reichtum und Macht dar. Die Römer entdeckten ihn zur Zeit des Kaisers Augustus. Bis zu dieser

Zeit musste der Marmor, den die Römer als Baumaterial sehr zu schätzen wussten, noch auf griechischen Inseln gebrochen und nach Italien transportiert werden. Der Zeitpunkt der Entdeckung des Carrara-Marmors lag günstig, denn Augustus schwebte Großes vor. Aus der alten Ziegelstadt sollte nämlich bis zu seinem Tod ein stolzes, marmornes Rom entstehen.

Luni hieß die römische Siedlung, deren Ruinen noch heute nördlich von Carrara zu besichtigen sind. „Marmi di Luni" nannte man entsprechend die kostbaren Steine, aus denen im ganzen Mittelmeerraum Tempelanlagen, Grabdenkmäler, Statuen und Paläste entstehen sollten. Noch heute sichtbare Zeugen der römischen Begeisterung für den Carrara-Marmor sind die Cestius-Pyramide, der Concordia-Tempel und der Dioskurentempel auf dem Forum Romanum, das Augustus- oder das Trajansforum sowie die Trajanssäule in Rom.

Als das mächtige Imperium Romanum langsam seinem Ende entgegenschlitterte, wurden auch die Mittel für Bauwerke knapper. Vor allem war kein Geld mehr für exklusive Bauten aus teurem Marmor vorhanden. Schon für den 315 n. Chr. errichteten Konstantinsbogen musste teilweise gebrauchter Marmor recycelt werden, ältere Reliefs aus früheren Zeiten wurden kurzerhand wiederverwendet. Der Marmorabbau verlor an Bedeutung, Luni geriet in Vergessenheit.

Doch im späten Mittelalter und während der Renaissance erwachte erneut die Faszination, die edler Marmor seit jeher auslöste. Michelangelo Buonarroti selbst kam immer wieder nach Carrara, wo er in einem Haus am – natürlich aus Marmor erbauten – Dom wohnte. Er begab sich in die Steinbrüche, um die Blöcke für seine grandiosen Skulpturen persönlich auszuwählen. „Ich sehe die Statuen, sie stecken schon im Berg drin, ich muss sie nur noch herausholen", soll er einmal gesagt haben. Den speziellen Statuario-Marmor für seine einmaligen bildhauerischen Werke bezog er aus den Brüchen zwischen Torano und Gioia, den Block für seinen Florentiner David aus Colonnata. Seit seiner Zeit wird die allerfeinste Sorte des Marmo Statuario „Michelangelo“ genannt.

Doch auch Meister wie Gian Lorenzo Bernini oder Antonio Canova wählten ihren Marmor in den Brüchen der Apuanischen Alpen selbst aus. Prominente wie Charles Dickens und Leo N. Tolstoi haben sich unter die vielen Wanderer gemischt, die seit Jahrhunderten die Marmortäler bei Carrara besuchten. Sie alle sind mühsam die nicht ganz ungefährlichen Wege und Pfade hinaufgestiegen, um selbst das „Land der Riesen“ zu entdecken und in Ehrfurcht vor den mächtigen weißen Marmorblöcken zu stehen.

Die Technik des Marmorbruchs, die schon die Römer anwendeten, wurde noch bis ins 16. Jahrhundert beibehalten. Arbeiter bohrten in gerader Linie von oben Löcher in den Stein und trieben Holzpflöcke hinein. Diese wurden fortwährend mit Wasser übergossen, bis das Holz schließlich so stark aufquoll, dass es den Marmorblock sprengte. Der ausgebrochene Block musste mühsam mit Hammer und Meißel in eine annähernd rechtwinklige Form gehauen werden.

Im 19. Jahrhundert versuchte man den Abbau mit Hilfe von Dynamit, doch der hohe Ausschuss von rund 90 Prozent beendete das Experiment recht schnell. Man favorisierte nun den Einsatz eines Trennseils. Der hierbei anfallende Marmorstaub färbt das Wasser des Bachs, der durch Carrara fließt, milchig trüb, daher rührt der Beiname Carraras als „Stadt am Milchbach“.

Das Herausschneiden der riesigen Marmorblöcke ist auch heute noch eine langwierige Angelegenheit. Der untere Teil des ausgewählten Felsens muss mit einer Spezialsäge angesägt werden, daraufhin wird ein langes Schneideseil um den Block gelegt. Wenn es fest sitzt, wird der Motor angeworfen, der nun mehrere Tage lang läuft und das Schneideseil bewegt, bis es sich durch den riesigen Block gefressen hat. Daraufhin versetzt man die Vorrichtung, bis alle Seiten herausgeschnitten sind.

1929 wurde auf diese Art der größte Carrara-Monolith aller Zeiten aus einem der Steinbrüche von Carrara herausgelöst. Er diente zum Bau eines Obelisken für Mussolinis Foro Italico in Rom und steht dort noch heute. Die Ausmaße des Blocks betrugen 18 x 2,35 Meter, er wog beinahe 300 Tonnen. Acht Monate dauerte es, ihn vom Steinbruch bis zum Hafen von Carrara zu schaffen, 70.000 Liter Schmierseife wurden für die dazu verwendeten Rollhölzer gebraucht.

Zum Abtransport der Marmorblöcke nutzte man noch bis vor 50 Jahren die sogenannte „Lizzatura". Die Marmorblöcke wurden dabei auf riesige Schlitten verfrachtet und auf einer stellenweise unglaublich steilen Piste ins Tal befördert. Entlang der Bahn gab es Pfosten, an denen der Schlitten mit Hanfseilen festgebunden wurde. Um ihn talwärts abzulassen, lockerten Arbeiter die Seile am höhergelegenen Pfosten, während andere am nächsttieferen Pfosten neue Seile befestigten. Und so immer weiter, eine ursprünglich in Ägypten entwickelte Methode. Obwohl viele Männer die Seile hielten, geschah es nicht selten, dass einer der Beteiligten durch eine unvorhergesehene Bewegung des Steinkolosses eingeklemmt oder zerquetscht wurde. Ungezählte Sklaven, Leibeigene und Arbeiter aus den umliegenden Dörfern verloren bei dieser halsbrecherischen Arbeit ihr Leben. Immer wieder teilten Hornsignale den Männern mit, dass einer der ihren tödlich verunglückt war und zu seiner Familie ins Tal begleitet werden musste. Auch Michelangelo soll bei Unfällen dieser Art zweimal nur knapp mit dem Leben davongekommen sein.

Die Lizzatura findet heute nur noch einmal im Jahr als Spektakel statt. Auch die neben der Lizzatura seit 1876 angewendete Transportmethode, die Marmorbahn, ist nicht mehr in Betrieb. Diese Marmorbahn verband einige der Steinbrüche mit dem Meer und überwand dabei einen Höhenunterschied von 455 Metern. Sie stellte zu ihrer Zeit eine technische Sensation dar, die 20 Kilometer lange Hauptlinie besaß 15 Tunnel und 16 Brücken. Doch die Entwicklung von Lastwagen, die immer größer und besser wurden, machte die Marmorbahn schließlich unrentabel. Ihr Verlauf ist aber noch heute sichtbar und Besucher bewundern ihre Brücken, die längst zu einem Bestandteil der Landschaft geworden sind.

Heute transportieren Lastwagen problemlos 20 Tonnen Stein pro Fahrt. Mit atemberaubendem Tempo donnern Tieflader über Behelfswege, welche der sich ständig verändernden Landschaft immer neu angepasst werden. Aber wehe, wenn solch ein Steintransporter die Kontrolle über seine Fracht verliert. Noch immer ereignen sich jedes Jahr tödliche Unfälle in den Bergen von Carrara.

In den Zwillingsstädten Massa und Carrara, die zwischen dem Mittelmeer und den Apuanischen Alpen liegen, dreht sich das Leben um den Marmor. Hier wird das Wissen vom Marmor, von seiner Förderung, seiner Bearbeitung und seinem Transport durch die Steinbrecher, Säger, Schleifer und Bildhauer von Generation zu Generation weitergegeben.

Eine halbe Million Tonnen Marmor werden jährlich aus den Bergen herausgeschnitten und nach Carrara gebracht, wo die großen Fertigungsanlagen stehen, in denen die Blöcke beschnitten und behauen werden. In eher bescheidenen Werkstätten haben ganze Bildhauerdynastien im Laufe der Jahrhunderte Statuen und Denkmäler für alle großen europäischen Höfe, für Kirchen, Plätze und Paläste vieler Städte und Länder erstellt. Diese alten Werkstätten sind teilweise noch heute in Betrieb und können besichtigt werden.

Doch die Erleichterung des Abbaus und der wirtschaftliche Wohlstand, der nach immer mehr Carrara-Marmorfliesen und -kacheln in Küchen, Bädern und Wohnräumen verlangt, hat zur Folge, dass der kostbare Marmo Statuario immer mehr schwindet. Für jede Badezimmerverkleidung aus Marmo Michelangelo entsteht ein David weniger. Und die Apuanischen Alpen werden kleiner. An manchen Stellen ist das Relief wie abgeschmirgelt, hämmert, hebelt und sägt der Mensch doch seit der Antike an diesem Bergmassiv herum. Wo vor Jahren noch eine Kuppe emporragte, ist heute eine Straße und morgen vielleicht schon gar nichts mehr.

Noch gleißen die Steinbrüche wie Gletscher im Sonnenlicht. Ihre gezackte Mondlandschaft reicht bis zu den Gipfeln hinauf, die sich wie Zähne in den azurblauen Himmel der Toskana beißen. Und es sind gut geputzte Zähne: Marmor, zu staubfeinem Pulver gemahlen, ist nämlich eine Grundsubstanz für Zahnpasta.

Bruschetta con lardo di Colonnata – Röstbrot mit Speck aus Colonnata

Zutaten für 4 Personen:

150 g Lardo di Colonnata (ital. Feinkostladen oder Internet)
8 Scheiben Bauernbrot
3 Knoblauchzehen

Zubereitung:

Die Knoblauchzehen schälen, den Lardo in hauchdünne Scheiben schneiden. Die Brotscheiben toasten und mit Knoblauch einreiben. Den Backofen auf 180°C erhitzen und die Brotscheiben 5 Minuten drin backen. Das Blech herausziehen, Lardo auf die Scheiben legen und 1 Minute unter Zuschaltung der Grillfunktion im Backofen erwärmen. Sofort servieren, dazu einen kräftigen Rotwein genießen.

Lardo ist der Rückenspeck einer alten italienischen Schweinerasse, die wesentlich schwerer ist und fettreicheres Fleisch hat als moderne Mastschweine. In Colonnata, einem Ortsteil von Carrara in mehr als 500 Metern Höhe, reift der Speck gut gewürzt in Salzlake monatelang in Trögen aus Carrara-Marmor, beschwert mit dicken Marmorplatten.

Reifer Lardo von guter Qualität ist weiß bis zartrosig, schmeckt salzig, ein bisschen süßlich und erinnert an Walnüsse. Er ist seit der Antike bekannt und diente seit jeher als wesentliches Nahrungsmittel der Marmorarbeiter.

Die Erde ist eine Scheibe – Revolution am Sternenhimmel

Es ist Frühling im Jahre 1497. Eine laue Nacht hat sich über Bologna gesenkt, auf einem Balkon sitzen zwei Männer und schauen in die Sterne. „Sieh doch", sagt der eine, der ältere der beiden, „sieh doch, wo die Venus jetzt steht und denke daran, wo sie letzte Woche stand. Und dann schau dir an, wo sich der Mars befindet. Es kann nicht stimmen. Ptolemäus lag falsch. Die Planeten kreisen nicht um die Erde, der Verlauf ihrer Bahnen passt nicht dazu. Es muss etwas anderes sein, aber was?"

Der ältere der beiden, der diese Gedanken formuliert, ist Domenico Maria Novara da Ferrara, er lehrt Astronomie an der Universität von Bologna, der 1088 gegründeten ältesten Universität Europas. Der jüngere ist Nikolaus Kopernikus, der an der Universität von Bologna Kirchenrecht studiert. Es ist eine Zeit des Umbruchs, die Renaissance hat Europa erfasst. Neue Gedanken strömen durch die Köpfe, es ist die Geburtsstunde des Humanismus, Amerika wird entdeckt, Männer wie Leonardo da Vinci oder Michelangelo lassen die Kunst in nie gekannter Schönheit explodieren, Martin Luther wird die Allmacht der Kirche in Frage stellen, überall regen sich kritische Denker und ziehen Althergebrachtes in Zweifel.

Kopernikus ist einer dieser Denker. Die Fragen, die Ferrara in jener Nacht in Bologna stellt, kreisen weiter in seinem Kopf und werden ihn zeitlebens beschäftigen. Seine vielseitige spätere berufliche Laufbahn verschafft ihm ein gesichertes Einkommen und lässt ihm Zeit, sich auch immer wieder seinem Hobby zu widmen, der Astronomie. Schon 1509 schreibt er ein Buch darüber und stellt darin die These auf, dass nicht die Erde, wie bisher weitläufig angenommen, sondern vielmehr die Sonne im Mittelpunkt des Planetensystems steht. Die Planeten, so schreibt er, ziehen in kreisförmigen Bahnen um die Sonne. So auch die Erde, womit die scheinbaren Bewegungen der Fixsterne erklärt sind. Leider passen die Bahnen der Planeten nicht ganz zu dieser Theorie, hierfür kündigt Kopernikus mathematische Berechnungen an, die er aber nie vorlegt. Er ist nämlich nie auf die Idee gekommen, dass die Bahnen der Planeten nicht kreis-, sondern ellipsenförmig verlaufen. Erst Johannes Keppler wird es gelingen, diesen Beweis für das heliozentrische Weltbild zu führen.

Kopernikus weiß sehr genau, dass seine Theorie auf wackeligen Füßen steht. Deshalb veröffentlicht er sein bahnbrechendes Buch auch lange Zeit nicht. Erst 30 Jahre später, kurz vor seinem Tod, lässt er sich dazu überreden. Doch die befürchtete große Aufregung in der Fachwelt und in der Kirche bleibt aus. Denn schon andere hatten vor ihm die Vermutung geäußert, dass die Sonne im Mittelpunkt stehe und die Erde um sie kreise. Das galt zunächst nicht als Ketzerei, wie man heute glaubt, sondern schlichtweg als Spinnerei. Denn würde die Erde sich bewegen, so müsste man doch den Fahrtwind spüren!

Und ein weiteres Missverständnis gilt es zu klären: In der etwas kruden Einleitung zu seinem Buch zieht Kopernikus die Theorie von der Erdscheibe heran. Aufgegriffen und weitererzählt entstand so die feste Überzeugung, im Mittelalter habe man die Erde weitläufig für eine Scheibe gehalten. Aber das stimmt überhaupt nicht, die meisten Wissenschaftler des Mittelalters stellten gar nicht infrage, dass die Erde eine Kugel ist.

Obwohl es nicht seine ureigenste Idee war, so ist Kopernikus doch der erste, der die Sache mit dem heliozentrischen Weltbild mit seiner Schrift in die große Diskussionsrunde wirft. Aber wesentliche Elemente fehlen, um seiner Theorie Schlagkraft zu verleihen. Es mangelt einfach an nachvollziehbaren Beweisen, und diese werden nun andere erbringen, die seine Gedanken aufgreifen.

In Padua lehrt 50 Jahre später ein Professor für Mathematik, dem die Idee des Kopernikus viel schlüssiger erscheint als die des Ptolemäus. Das schreibt er an seinen deutschen Kollegen Johannes Keppler. Und voller Wissbegier erkennt er sofort den enormen Nutzen, den die brandneue Erfindung eines Holländers für seine Forschungen bringt: das Fernrohr! Er, Galileo Galilei, ist einer der ersten, die das Fernrohr zur Beobachtung von Sternen einsetzen. Das ist eine Revolution.

Der Mond hat eine raue Oberfläche, da sind Krater und Hügel! Und nicht nur das: Auch der Jupiter hat Monde! Vier davon entdeckt Galilei, doch damit nicht genug: Die Milchstraße ist keineswegs der Nebel, als der sie mit bloßem Auge betrachtet erscheint. Nein, da sind unzählige, wirklich absolut unzählige Sterne! Diese Entdeckungen und seine Zeichnungen der Mondoberfläche veröffentlicht Galilei 1610. Schlagartig ist er berühmt – alle Welt diskutiert aufgeregt die Revolutionen am Sternenhimmel.

Fasziniert von alldem finanziert der Großherzog der Toskana Galileis weitere Forschungen, als Hofmathematiker in Florenz und mit einer Professur in Pisa hat dieser nun ausgesorgt. Galilei ist in der Fachwelt überall hoch angesehen. Der Ärger beginnt eigentlich erst, als er die Sonnenflecken entdeckt. Erstmals erhebt sich Murren innerhalb der Kirche.

Die Sonne gilt immerhin als vollkommen, warum sollte sie Flecken haben, die auch noch kommen und gehen? Und dann fängt Galilei auch noch an davon zu reden, dass die Erde sich um die eigene Achse und um die Sonne drehe – so meint er die Gezeiten erklären zu können (dass dabei der Mond auch eine bedeutende Rolle spielt, fällt erst Isaac Newton auf). Das kopernikanische System war bislang von der Kirche als mathematisches Rechenmodell und bloße Hypothese geduldet worden, mehr aber auch nicht.

Flugs schreibt Galilei eine Erklärung, dass sich dieses Modell durchaus mit den Lehren der Kirche und der Bibel vereinbaren lasse. Diese Erklärung wird aber prompt zu seinen Ungunsten ausgelegt und dient als Beleg dafür, dass er die Idee des Kopernikus zur Tatsache erheben will. Deshalb hält sich Galilei nun erst einmal zurück. Sehr zupass kommt es ihm, dass der Papst ihm gewogen ist und ihn sogar ermuntert, seine Theorien fortzuführen, solange er sie als bloße Hypothese darstelle. Galilei veröffentlicht sein Hauptwerk, den „Dialogo", doch hochmütig verreitet er sich zu einigen polemischen Anmaßungen, mit denen er den Papst gegen sich aufbringt. Das Drama nimmt seinen Lauf, ihm wird von der Inquisition der Prozess gemacht, der mit dem Urteil einer lebenslänglichen Kerkerhaft endet – immerhin noch ein gnädiges Urteil angesichts des Scheiterhaufens, der ihm ebenfalls drohte. Die Geschichte hat ihn zu einem Hasardeur verklärt, der beim Hinausgehen aus dem Gerichtssaal frech „Und sie bewegt sich doch!" gesagt haben soll, eine nette Vorstellung genialen Rebellentums, die aber wohl ins Reich der Legende gehört.

Ganz so schlimm wird es für ihn nicht, er wird in der Toskana in durchaus erträglichen Umständen unter Hausarrest gestellt. An seiner These hält er weiter fest, doch akzeptiert er nicht die ellipsenförmigen Planetenbahnen, die sein

Brieffreund Keppler vorgeschlagen hat, obwohl sich dadurch die Laufbahnen der Planeten wesentlich besser vorhersagen lassen. In einem Vorort von Florenz verbringt Galilei seine letzten Jahre, während derer er erblindet, was an den ungeschützten Sonnenbeobachtungen gelegen haben mag.

Die Kirche jedoch wehrt sich vergeblich gegen die heraufdämmernde Aufklärung. Allerdings soll es noch bis zum November 1992 dauern, bis Galilei von der römisch-katholischen Kirche formell rehabilitiert wird.

Ob in Bologna oder sonst wo auf der Welt – überall beobachten Menschen die Sterne. Pionieren wie Kopernikus und Galileo verdanken wir die Grundsteine unseres heutigen Wissens. Ob die Astronomen, die in unserer Zeit mit gewaltigen Teleskopen den Himmel absuchen, manchmal an Galileo Galilei mit seinem selbstgebastelten Fernrohr denken?

Arrosto toscano con menta – toskanischer Minzbraten

Zutaten für 4 Personen:

600 g Rinderhackfleisch
150 g durchwachsener
Speck in dünnen Scheiben
4 Zweige frische Minze
2 Zweige Thymian

1 Zwiebel
150 g Ricotta
3 El Olivenöl
Salz
Pfeffer

Zubereitung:

Minze und Thymian abspülen, trocken tupfen und die Blätter abzupfen. Die Minzeblättchen grob hacken und samt Thymian, Ricotta und der gewürfelten Zwiebel unter das Fleisch kneten. Den Fleischteig mit Salz und Pfeffer würzen und zu einem Laib formen. Dann den Fleischlaib in die Speckscheiben einwickeln, die Speckstreifen sollen an den Enden jeweils überlappen.

Das Öl in einem Bräter erhitzen, den Braten mit den Enden der Speckscheiben nach unten hineinlegen und etwa 45 Minuten bei 200°C im Backofen braten, dabei ab und zu mit dem entstehenden Bratfett begießen, damit der Speck nicht zu trocken wird.

Mit Weißbrot und Salat servieren.

Ein großes Spektakel – Hochzeit auf Italienisch

Es war ein strahlender Tag Ende Mai, als meine Freundin Kerstin und ich nach einem Einkaufsbummel in Hamburg im Straßencafé saßen und einen Latte Macchiato tranken. Den ganzen Tag über erschien sie mir schon merkwürdig, und deshalb fragte ich sie: „Irgendetwas ist doch, komm schon, raus mit der Sprache!“ Kerstin lief rot an, druckste ein wenig herum, aber dann weihte sie mich endlich ein: Ihr Freund hatte ihr einen Antrag gemacht!

„Hey, das ist ja großartig! Wann ist es so weit?“, jubelte ich. „Ach, so einfach ist das nicht“, entgegnete sie. Denn Kerstins Freund Vincenzo ist Sizilianer. Und seine große Verwandtschaft erwartete eine standesgemäße Hochzeit. Auf Sizilien, wo sonst?

Und so begannen die Vorbereitungen mehr als ein ganzes Jahr vor dem geplanten Termin. Der bürokratische Papierkrieg zeigte sich dabei weniger schlimm, als befürchtet. Kerstin brauchte als deutsche Staatsbürgerin bloß ein Ehefähigkeitszeugnis ihres Standesamtes sowie eine internationale Geburtsurkunde, dazu eine beglaubigte Übersetzung ins Italienische.

Die Trauung sollte in der Kirche von Vincenzos Heimatdorf stattfinden. In Italien kann der Pfarrer den standesamtlichen Akt mit der kirchlichen Trauung verbinden, sodass eine einzige Hochzeitszeremonie ausreicht. Schnell hatte man sich auf einen Termin im nächsten August geeinigt.

Doch die Enttäuschung kam, als Vincenzo das Ristorante am Meer anrief, in dem die Feier nach der Trauung stattfinden sollte: Der Termin war bereits gebucht. Mehr als ein Jahr im Voraus, und schon gab es fast keinen hochzeitsfreien Samstag mehr! Aber im September fand sich zum Glück noch ein Termin, und so wurde die Hochzeit eben auf diesen Monat verschoben.

Ich staunte nicht schlecht, als Kerstin mir berichtete, dass das Ristorante für die Hochzeit einen Pavillon für 200 Gäste aufstellen würde. 200 Gäste? Ja, meinte sie lächelnd, das sei für eine italienische Hochzeit eigentlich noch wenig. Ich musste schlucken, als ich mir die Kosten vorstellte, doch als sie mir dann sagte, dass für die Hochzeit gut und gerne 35.000 Euro veranschlagt seien, da musste ich mich erst einmal hinsetzen.

Kerstin erklärte mir, dass Sizilianer ausgesprochen viel Wert auf Tradition legten und die Hochzeit eines der wichtigsten Ereignisse im Leben sei. Der weitverzweigte Familienclan und die Freunde müssten eingeladen werden, weil diese sonst tödlich beleidigt wären. Eine kleine Hochzeit im engsten Kreis komme daher unter keinen Umständen infrage. Auch auf die Kirche könne nicht verzichtet werden, denn im traditionsverankerten Italien ist die Kirche noch immer ein unverzichtbarer Bestandteil des Alltags. Kerstin ist eigentlich konfessionslos, doch der sizilianische Pfarrer zeigte sich hier weitaus großzügiger, als es ein deutscher gewesen wäre: Er fragte erst gar nicht danach. Allerdings liege das im Ermessen des jeweiligen Pfarrers, merkte Kerstin an. Jeder habe da wohl seine eigenen Vorstellungen und Regeln.

Nun galt es, eine Menge von Kleinigkeiten zu organisieren, damit am großen Tag auch alles reibungslos verlaufen würde. Kerstin und Vincenzo buchten eine Stretchlimousine, mit einem Floristen handelten sie den Preis für den Blumenschmuck der Limousine, der Kirche, des Pavillons sowie für den Brautstrauß aus. Sie engagierten eine Band für die Feier, verpflichteten einen Friseur und eine Kosmetikerin, welche die Braut vor der Hochzeit herrichten sollten. Mit dem Ristorante vereinbarten sie ein Menü mit acht Gängen, das sei noch wenig, erfuhr ich von Kerstin. Auch ein Fotograf wurde gebucht, er würde den ganzen Tag anwesend sein und hinterher wunderbare Alben erstellen. Das konnte man allerdings auch erwarten, denn für seinen Service verlangte er schlappe 2.500 Euro.

Ihr Brautkleid ließ sich Kerstin bei einem Besuch auf Sizilien von einer Schneiderin anfertigen. Hier konnte sie nun ausnahmsweise sparen, denn die Maßanfertigung kostete deutlich weniger, als in Deutschland für ein Kleid von der Stange fällig gewesen wäre. Außerdem entsprach es genau Kerstins Vorstellungen, es wurde ja extra für sie genäht.

Das Jahr verging wie im Flug, und endlich kam der große Tag: Ich flog nach Sizilien! Als enge Freundin durfte ich gemeinsam mit Kerstin im Haus der angehenden Schwiegereltern übernachten, und so begleitete ich die Braut am großen Tag von Anfang an.

Zum Frühstück gab es, wie in Italien üblich, nur einen Cappuccino und ein Hörnchen. Kaum waren wir fertig, da schellte es, und der Fotograf stand vor der Tür. Ich wunderte mich ein bisschen, denn zu dieser frühen Stunde konnte man Kerstin nun wirklich noch nicht als bereit für repräsentative Aufnahmen bezeichnen. Doch schon wieder lernte ich etwas Neues: In Italien gilt es als schick, ein Video zu erstellen, während die Braut fertig gemacht wird. Sozusagen als Dokumentation der Brautentstehung. Ich fand die Vorstellung ziemlich abwegig, um nicht zu sagen, gruselig, aber Kerstin wusste, was auf sie zukommen würde, hatte sich damit arrangiert und trug es mit Fassung.

Und so ging es los: Der Friseur und die Kosmetikerin rückten an und zupften und steckten und pinselten schier endlos lange an Kerstin herum. Die Schneiderin persönlich überwachte, dass das Kleid auch richtig saß. Dazwischen wirbelte die aufgeregte Schwiegermutter herum, der Fotograf filmte unentwegt, während ich zusammen mit Kerstins Schwester etwas ratlos abseits auf einem Stuhl saß und das Geschehen beobachtete.

Nach einer gefühlten Ewigkeit kam endlich die Erlösung: Sie waren fertig! Strahlend schritt die prächtig herausgeputzte Kerstin mit einem Traum von einem Hochzeitsstrauß die Treppe hinunter. Glücksbeseelt stieg sie mit ihrem Vater in die bereitstehende Limousine, auf der ein üppiger Blumenschmuck prangte, immer verfolgt vom Fotografen mit Kamera im Anschlag.

Die kleine Kirche quoll über vor Menschen in Festtagskleidung, als wir ankamen. Ich fand einen Platz hinten links in der Ecke, während Kerstin und ihr Vater würdevoll nach vorne schritten. Von der Predigt verstand ich nicht allzu viel, doch für die Gäste aus Deutschland lagen Heftchen aus, welche die Texte sowohl in deutscher als auch in italiensicher Sprache enthielten. Das Eheversprechen gab Vincenzo auf Deutsch und Kerstin auf Italienisch, was ich wirklich rührend fand. Strahlend verließen die „sposi novelli“ – die Frischvermählten – die Kirche, um draußen von lachenden Gästen mit Bergen von Reis, Konfetti und kleinen Geldmünzen beregnet zu werden. Mit der Limousine ging es zum Ristorante, gefolgt von einer riesigen Delegation, ein endloser Autokorso setzte sich in Bewegung.

Der große weiße Pavillon öffnete sich zum strahlend blauen Meer hin, eine wirklich romantische Kulisse für die Hochzeitsfeier. Zum Empfang gab es einen Aperitivo und Häppchen, während die Band fröhliche italienische Lieder anstimmte.

Das Brautpaar eröffnete die Feier mit einem Tanz, und ich beobachtete verwundert, dass währenddessen einzelne Gäste den beiden Geldscheine mit Nadeln an die Kleider steckten. Ich verdrängte den befremdenden Gedanken an eine Nachtbar und tröstete mich damit, dass die irrsinnigen Kosten damit zumindest zu einem kleinen Teil wieder ausgeglichen würden.

Kaum fand der Tanz ein Ende, da erhoben sich die italienischen Männer – und es waren viele Männer –, legten die Hand auf die Brust und intonierten aus voller Kehle die italienische Nationalhymne. Danach erhob sich frenetischer Applaus, begleitet von Jubelrufen – „viva gli sposi" – „es lebe das Brautpaar" – und der immer wieder lauthals gebrüllten Aufforderung: „Baci, baci!!!" – „Küsse, Küsse!!" Als ein junger Italiener auf Vincenzo zustürmte und ihm die – bestimmt sündhaft teure – Krawatte abschnitt, dachte ich schon, ich sei versehentlich auf Weiberfastnacht gelandet. Doch wurde ich belehrt, dass es sich hier um eine weitere Tradition handelte: Die Krawatte sollte in kleine Stücke geschnitten und an die Gäste verkauft werden, der Erlös ging an das Brautpaar. Verständnisvoll nickte ich. Irgendwie musste das Geld ja wieder reinkommen…

Es herrschte eine überaus laute und lebensfrohe Stimmung, und so blieb es die ganze Zeit über. Ich fand es herrlich, aber nicht alle anwesenden deutschen Gäste schienen dafür Verständnis zu haben. Als ich einen Blick auf Kerstins Großmutter erhaschte, wirkte deren Gesichtsausdruck nicht gerade begeistert.

Der Nachmittag verging mit dem üppigen Menü, und zwischen den Gängen wurde getanzt, gejubelt und gesungen. Zum Schluss gab es noch Torte und Sekt, obwohl doch mittlerweile alle mehr als satt sein mussten. Bereits gegen 20 Uhr endete die Feier durch einen weiteren symbolischen Akt: Das Brautpaar zerschmetterte seine Sektgläser. Die Zahl der Scherben soll der Zahl der Jahre entsprechen, die das Paar zusammen verleben wird. Nun, es spritzten so viele Scherben über den Boden, dass Kerstin und Vincenzo sich wohl keine Sorgen machen müssen.

Zum Abschied erhielt jeder Gast ein kleines Tütchen mit bunten Zuckermandeln, so verlangt es der Brauch auf Sizilien. Außerdem gab es für jeden ein Foto mit dem Brautpaar. Die Trauzeugen, Kerstins Schwester und Vincenzos Bruder, erhielten ein noch größeres Geschenk: eine Wanduhr aus bunter sizilianischer Keramik. Ehrlich gesagt freute ich mich darüber, dass mir das erspart blieb.

Kerstin und Vincenzo fuhren nach Hause, um sich rasch umzuziehen. Denn gleich ging es weiter in die Flitterwochen, kurz vor 23 Uhr startete ihre Maschine in Catania.

Und wenn wir heute zusammen im Straßencafé sitzen, dann lassen wir gerne noch einmal diesen aufregenden Tag Revue passieren. Wir lachen herzlich, wenn wir an das ganze Spektakel um die Herrichtung der Braut denken und an das zugehörige Videodokument, das wir uns nicht oft genug ansehen konnten.

Kerstins Ehe wurde vom deutschen Standesamt übrigens problemlos anerkannt. Sollten die beiden mal Kinder haben, dann werden diese automatisch die deutsche und die italienische Staatsbürgerschaft haben. Vielleicht erlebe ich dann eines Tages noch eine sizilianische Kindstaufe?

Torta al cioccolato con petali di rosa – Schokoladentorte mit Rosenblüten

Zutaten:

1 dunkler Biskuitboden (3 Lagen)
50 ml Orangensaft
50 ml Orangenlikör
300 g dunkle Kuvertüre
350 ml Sahne
2 Eiweiße
2 EL geriebene Bio-Orangenschale
12 Rosenblätter und 18 Rosenblütenblätter (ungespritzt)
Kakaopulver
feiner Zucker

Zubereitung:

Orangensaft und-likör mischen und die Biskuitböden damit beträufeln. 200 g Kuvertüre klein hacken, im Wasserbad schmelzen und etwas abkühlen lassen. Die Sahne steif schlagen. Orangenschale und Kuvertüre vorsichtig darunterheben. Einen der Biskuitböden auf eine Platte legen und mit einem Viertel der Sahnemasse bestreichen, den nächsten Boden darauflegen und mit einem weiteren Viertel der Masse bestreichen. Den dritten Boden daraufsetzen und leicht andrücken. Die Torte mit dem Rest der Masse rundum gleichmäßig bestreichen, mindestens zwei Stunden im Kühlschrank durchziehen lassen. Die Rosenblütenblätter durch verquirltes Eiweiß ziehen, in Zucker wenden und auf Backpapier trocknen lassen. Die restliche Kuvertüre hacken und im Wasserbad schmelzen. Die Rosenblätter mit der gerippten Seite in die Kuvertüre tauchen und auf Backpapier im Kühlschrank erstarren lassen. Die Torte vor dem Servieren mit Kakaopulver bestäuben. Die Rosenblätter und -blütenblätter vorsichtig vom Backpapier abziehen und die Torte damit verzieren. Blätter und Blüten kann (und soll) man mitessen.

Pracht und Rauch – die Sixtinische Kapelle

Üppige nackte Leiber, pralle Hinterteile, wogende Brüste und männliche Glieder! Und all das so plastisch und farbintensiv, dass es aus der Wand hervorzutreten scheint, auf die es gemalt ist! Erzürnt schüttelt der Mann in Schwarz den Kopf. Eine unglaubliche Blasphemie, und das ausgerechnet hier, an einem der heiligsten Plätze der Welt! Es ist eine Ungeheuerlichkeit!

Der starrköpfige alte Mann, der diese Obszönitäten schuf, hat seinen Farbeimer stehenlassen, als er seinen Arbeitsplatz für heute verließ. Am liebsten würde der Mann in Schwarz den Eimer jetzt packen und gegen dieses babylonische Bild schleudern. Doch das gäbe Ärger mit Paul, seinem Chef, und der ist dem alten Querkopf dummerweise zugetan. Sonst hätte Paul kaum eingewilligt, dass der Alte den Auftrag ausführen durfte, der ihm von Clemens, Pauls Vorgänger, erteilt worden war. Nein, sonst würde Paul den Alten das scheußliche Bild nicht malen lassen, womit dieser die köstlichen Bilder, die sich zuvor an dieser Stelle befanden, einfach überkleckste.

Der Mann in Schwarz heißt Biagio da Cesena und ist Zeremonienmeister. Sein Chef ist Papst Paul III. und der alte Starrkopf, der das anstößige Bild gemalt hat, ist kein Geringerer als Michelangelo Buonarroti, inzwischen 66 Jahre alt. Das Bild, um das es geht, ist heute eines der berühmtesten Gemälde der Welt: das Jüngste Gericht in der Sixtinischen Kapelle.

Die Kapelle, jetzt Teil der Vatikanischen Museen, wurde im 15. Jahrhundert im Auftrag von Papst Sixtus IV. erbaut, dem sie auch ihren Namen verdankt. Zur Ausschmückung ihrer Wände zitierte man die namhaftesten Künstler dieser Zeit herbei. Botticelli, Perugino, Ghirlandaio, Rosselli, d'Antonio und Signorelli schufen die Szenen aus dem Leben von Moses und Jesus. Die Decke der Kapelle schmückte zunächst ein schlichter Sternenhimmel.

Doch das genügte Sixtus' Nachfolger, Papst Julius II., nicht mehr. Er wünschte sich einen eindrucksvolleren Himmel, der weitere Gestalten aus der biblischen Geschichte zeigen sollte. Deshalb erteilte er im Jahre 1508 Michelangelo Buonarroti eben diesen Auftrag. Michelangelo zeigte sich davon alles andere als begeistert. Sein Ruhm begründete sich auf seine Erfolge als Bildhauer, und eigentlich hielt er sich in Rom nur aus dem Grund auf, um dort ein päpstliches Grabmal zu erschaffen. Als bedeutender Maler hatte er sich bisher nicht hervorgetan. Doch der Papst bestand darauf, dass kein anderer als Michelangelo seinen Wunsch erfüllen sollte.

Michelangelos Widersacher verstanden es, immer wieder Verleumdungen über ihn in die Welt zu setzen und Streit vom Zaun zu brechen. Und Widersacher besaß Michelangelo in großer Zahl, kannte man ihn doch als überaus mürrischen Eigenbrötler und neidete ihm Ruhm und Erfolg. Ja, es heißt sogar, dass ausgerechnet Michelangelos Gegner den Papst dazu brachten, auf seinem Wunsch zu bestehen. Denn sie wollten erreichen, dass Michelangelo sich mit einem weniger gelungenen Werk kräftig blamierte.

Dazu sollte es allerdings nicht kommen. Michelangelo holte sich ein paar Helfer aus Florenz und ging das gewaltige Werk an. Die Assistenten erfüllten jedoch ihre Aufgabe nicht zu seiner Zufriedenheit, sodass er sie kurzerhand hinauswarf und alles, was sie bereits gemalt hatten, wieder entfernte. In einem unvorstellbaren Kraftakt vollendete er das Werk ganz allein binnen 22 Monaten, die er rücklings auf einem Gerüst liegend malte. Dabei bediente er sich einer recht einfachen Vorgehensweise: Er erstellte zunächst Schablonen, die er an der Decke befestigte. Deren Umrisse übertrug er auf die Deckenwand und malte sie anschließend aus.

Es gelang ihm, den Papst davon zu überzeugen, die Decke mit wesentlich mehr Figuren als ursprünglich beabsichtigt gestalten zu lassen. Diese bettete Michelangelo in eine gemalte Architektur ein. So entstanden 115 überlebensgroße Gestalten, die Szenen aus der Genesis darstellen, begleitet von mythologischen Figuren wie den hellsichtigen Sybillen. Diese sollten eine Verbindung zur klassischen Antike herstellen, die in jener Zeit gerade wiederentdeckt und hochgeschätzt wurde.

Zu den eindringlichsten und berühmtesten Darstellungen dieses Zyklus gehört die Erschaffung des Menschen, dem Gott durch eine ätherisch leichte Fingerspitzenberührung das Leben einhaucht. Michelangelos so lebendig wirkende Charaktere haben bis heute nichts von ihrem Zauber eingebüßt. Und so richtet sich der Blick eines jeden der zahllosen Besucher, die sich heutzutage durch die Kapelle schieben, automatisch nach oben, fasziniert von der Pracht der Bilder.

Dass sie so farbenfroh erstrahlen, verdanken sie der aufwendigen Restaurierung, die 1994 abgeschlossen wurde und deren Wirkung seit 2014 durch Tageslicht simulierende LEDs unterstützt wird. Jahrhundertelang hatte man geglaubt, Michelangelo habe gedeckte Farben verwendet oder seine Werke absichtlich mit einem nebelhaften Grauschleier überzogen, um sie entrückter wirken zu lassen. Doch das erwies sich als falsch. Tatsächlich ließ der Ruß der Jahrhunderte die ursprünglich sehr kräftigen Farben verblassen.

Die Restaurierung stellte sich schwierig dar. Es musste genau darauf geachtet werden, wie stark sich die Verrußung an der jeweiligen Stelle zeigte, entsprechend musste das Lösungsmittel angemischt werden. Auch sollten die Schäden, die durch stümperhafte Reinigungsversuche und Restaurierungen in vergangenen Zeiten angerichtet wurden, dabei möglichst behoben werden. Früher rieb man die Gemälde zum Beispiel mit Retsina ab, dem griechischen Harzwein, wodurch sich eine dunkle Schicht über die Bilder legte. Eindringendes Regenwasser, Kerzenschmauch und Ruß taten ihr Übriges zur Verschmutzung der Fresken.

Die Rußspuren entstanden nicht nur bei der üblichen Nutzung der Kapelle. Denn sie ist seit dem 19. Jahrhundert der Ort des Konklaves. Hierher ziehen sich die Kardinäle zurück, wenn ein neuer Papst gewählt werden muss, und am Ende eines Wahlgangs zeigt aus der Kapelle aufsteigender Rauch, ob die Wahl erfolgreich verlaufen ist. Schwarzer Rauch, erzeugt durch ölgetränktes Stroh und keinesfalls durch Weinkorken, wie Lästermäuler behaupten, meldet einen Misserfolg. Weißer Rauch hingegen, erzeugt durch trockenes Stroh, verkündet den Gläubigen, dass sie einen neuen Papst haben. Die Sixtinische Kapelle ist auch der Ort, an dem der Auserkorene von seinem Erfolg erfährt und seinen Auftrag annimmt.

Doch kehren wir noch einmal zurück ins 16. Jahrhundert. 20 Jahre nachdem Michelangelo mit seinen Deckenfresken einen triumphalen Erfolg gefeiert hatte, amtierte Clemens VII. als Papst in Rom. Und auch er gedachte, der prächtigen Kapelle seinen Stempel aufzudrücken. Weil nun aber jeder einzelne Fleck an Wänden und Decke bereits mit Bildern bedeckt war, beschied der Papst kurzerhand, die Fresken über dem Altar durch ein neues, gigantisches Altargemälde ersetzen zu lassen. Dabei stellte er sich eine Darstellung des Jüngsten Gerichts vor.

Und wer konnte für die Ausführung geeigneter sein, als der bereits zuvor so erfolgreiche Michelangelo? Sieben Jahre benötigte dieser, um das 200 Quadratmeter große Kolossalbild fertigzustellen. Mehr als 390 Figuren umringen den in der Mitte schwebenden Jesus, der über ihr Wohl und Wehe entscheidet. Und Michelangelo war nicht zimperlich: Er malte die Menschen in ihrer nackten Blöße, ein Umstand, der im prüden Klerus für erheblichen Aufruhr sorgte. Tatsächlich hat man nach Michelangelos Tod die Geschlechtsteile schamhaft übermalt, was später teilweise wieder entfernt wurde.

Mit dem Übermalen der Figuren Michelangelos hätte der Mann in Schwarz, den wir am Anfang dieser Geschichte beobachtet haben, sicher am liebsten gleich begonnen. Ärgerlich lässt er seine Augen noch einmal über das schamlose Bild schweifen, ehe er die Kapelle verlässt. Sich selbst hat dieser eitle Michelangelo in das abstoßende Bild gemalt, als Gesicht auf der Haut des Märtyrers Bartholomäus. Kopfschüttelnd betrachtet der Zeremonienmeister den Rest des Bildes.

Da bleibt sein Blick an dem dämonischen Totenrichter Minos hängen, der die armen Sünder mit hassverzerrter Grimasse ohne jedes Mitleid quält. Starr vor Schreck klappt dem Zeremonienmeister der Unterkiefer herunter – dieser boshafte Teufel von Michelangelo! Er hat dem Totenrichter seine Züge verliehen, die des Zeremonienmeisters Biagio da Cesena!

Das ist Michelangelos Rache für dessen ständige Anfeindungen. Und alle darauffolgenden Jahrhunderte hindurch werden Gläubige, Kardinäle, frisch gebackene Päpste und Kunstbeflissene den Zeremonienmeister Biagio da Cesena als Dämon sehen, wie er die armen Sünder quält. Ohne Barmherzigkeit, ohne Mitgefühl. Ein böser Dämon für alle Zeit.

Pollo alla diavola con polenta – Teufelshähnchen mit Polenta

Zutaten für 4 Personen:

2 Brathähnchen à ca. 1.000 g
1 l Gemüsebrühe
200 ml Olivenöl
350 g Maisgrieß
4 Zitronen
5 getrocknete Chilischoten
10 Salbeiblätter
Salz
Pfeffer

Zubereitung:

Die Salbeiblätter in Streifchen schneiden, die Zitronen auspressen. Die Chilischoten klein hacken. Die Hähnchen auf der Rückenseite entlang der Wirbelsäule mit der Geflügelschere aufschneiden, aufklappen, flachdrücken und auf Alufolie legen.

Den Zitronensaft mit dem Olivenöl, Salz und Pfeffer verquirlen. Salbei und Chili einrühren. Die Hähnchen von beiden Seiten mit der Marinade bestreichen, in die Folie einwickeln und 2 Stunden durchziehen lassen.

Den Backofen auf 180°C vorheizen. Die Hähnchen in der Folie auf ein Bachblech legen. Die Folie an der Oberseite öffnen und zur Seite klappen, sodass die Hähnchen mit ihrer Hautseite nach oben flach aufliegen. Im Backofen etwa 1 Std. lang backen, bis sie knusprig sind.

Währenddessen die Gemüsebrühe zum Kochen bringen und den Maisgrieß unter stetem Rühren langsam hineinrühren. 20–30 Minuten bei sehr schwacher Hitze köcheln lassen. Während dieser Zeit immer wieder rühren. Die Polenta ist fertig, wenn sie sich vom Topfrand löst.

Zusammen mit dem Hähnchen servieren. Dazu passt noch ein frischer Salat.

Die Legende einer großen Liebe – Romeo und Julia

Unter dem Torbogen eines alten Palazzo in einer Gasse von Verona drängt sich eine Menschentraube zusammen. Ungeduldig streben sie vorwärts, um in den düsteren Durchgang zu gelangen. Bis hoch unter das Gewölbe sind dessen Wände bekritzelt, Graffitis in allen Farben, darüber Zettel derer, die sich auch verewigen wollten, aber keinen Platz mehr fanden. Namen aus aller Herren Länder, Daten aus allen Jahren der vergangenen Jahrzehnte.

Die Menschen zieht es durch den Gang hindurch, bis sich der Himmel über einem Innenhof öffnet, von Grün geziert, und alle Blicke richten sich nach oben: Endlich, dort ist er, der romantischste Balkon der Welt: der Balkon der Julia. „Es war die Nachtigall, und nicht die Lerche“, hier muss es gewesen sein, wo die bedeutungsschweren Worte gesprochen wurden, bevor die dramatische Romanze ihrem tragischen Ende entgegeneilte.

William Shakespeare hat die beiden Liebenden mit seinem Werk unsterblich gemacht und Verona mit den Worten „es gibt keine Welt außerhalb der Mauern von Verona“ zur Welthauptstadt der Romantik berufen. Das wahrlich zauberhafte Verona weiß dieses Image zu nutzen und den Zauber in bare Münze umzusetzen: Allein zwei Millionen Besucher zieht es Jahr für Jahr zum Balkon der Julia im Herzen der Stadt, nur wenige Schritte von der Piazza delle Erbe, dem „Platz der Kräuter“ mit seinem Markt entfernt.

Es ist sogar möglich, sich auf dem Balkon der Julia das Jawort zu geben, das symbolträchtige Spektakel kostet Bürger der Stadt 600 Euro, alle anderen müssen 800 Euro berappen. Wen kümmert es angesichts von so viel Poesie, dass der Balkon vermutlich erst 350 Jahre nach der Zeit der Handlung an den Palast angebaut wurde? Denn immerhin stand der Palast im 14. Jahrhundert tatsächlich im Besitz einer Familie namens Capuleti – wir erinnern uns, Julia war eine Capulet. Die Capulets lagen in einer erbarmungslosen Fehde mit der Familie Montague. Und das tragische Schicksal hatte bestimmt, dass Romeo ein Montague sein sollte…

Es ist Liebe auf den ersten Blick, die das berühmteste Paar der Weltliteratur zusammenführt. Doch das Glück verweilt nur flüchtig. Romeo gerät in ein Scharmützel, aus dem sich eine handfeste Schlägerei entwickelt, in deren Folge zwei bedauerliche Todesfälle zu beklagen sind. Infolgedessen mit einem Bannspruch belegt, bleibt Romeo nur eine einzige Nacht mit seiner Angebeteten. Bei Morgengrauen muss er die Stadt verlassen.

Julia, die schleunigst einem Freier angetraut werden soll, der den Eltern genehm ist, sucht Hilfe bei ihrem Bruder. Beseelt von brüderlichem Verständnis flößt dieser ihr ein Betäubungsmittel ein und versteckt sie in der Familiengruft, wo Romeo sie am nächsten Morgen abholen soll. Zwecks Verwirklichung dieses Plans schickt er einen Brief an Romeo, den dieser jedoch nie erhält. Stattdessen findet ihre Amme die leblose Julia, und Romeo erreicht die Nachricht ihres vermeintlichen Todes.

Seelenwund eilt Romeo zur Familiengruft und entleibt sich dort zu Füßen der Totgeglaubten – nicht ohne zuvor noch den von Julias Eltern erwählten Bräutigam ins Jenseits befördert zu haben. Postwendend erwacht Julia aus ihrer Katatonie, erkennt das Desaster und tötet sich mithilfe Romeos Schwertes. Die beiden Familien Capulet und Montague bleiben mit ihrem Schmerz zurück und versöhnen sich schließlich angesichts der bitteren Konsequenzen ihres sinnlosen Streits.

Soweit die Handlung, die bei aller Dramatik einer gewissen Banalität nicht entbehrt. Doch es ist die einzigartige Kraft der Sprache Shakespeares, der die Charaktere unsterblich machte, der mit Sätzen wie „My bounty is as boundless as the sea, my love as deep; the more I give to thee the more I have, for both are infinite“ eine dichte Atmosphäre wob. Damit haucht er der Zuneigung zweier Teenager unsterbliche Tiefe ein, die den Menschheitstraum von der einen wahren Liebe zumindest für eine Weile zu unbedingter Wirklichkeit werden lässt. Die Unausweichlichkeit des Schicksals ist die spirituelle Dimension der Geschichte, und der tragische, scheinbar überflüssige Tod der Liebenden erst erhebt sie in die Welt des wahrhaft Mystischen.

Ganz ohne jeden Zweifel ist es deshalb William Shakespeare, dem die Geschichte von Romeo und Julia gehört, denn ohne seine dichterische Gabe hätte sie nie die Magie entwickelt, die ihr innewohnt. Romeo und Julia wären dann nichts als mehr oder weniger bedeutungslose Gestalten in irgendeiner beliebigen tragischen Liebesgeschichte geblieben.

Denn der Plot selbst stammt nicht von Shakespeare. Vermutlich war es Luigi Da Porto, der Anfang des 16. Jahrhunderts in Vicenza lebte, der sie als erster zu Papier brachte. Um das Jahr 1530 veröffentlichte er die Novelle „Historia novallamente ritrovata di due nobili amanti“ – „Neu geschriebene Geschichte von zwei noblen Liebenden“. Ort der Handlung war die damals bedeutende Handelsstadt Verona, die beiden Protagonisten hießen Romeus und Giulietta. Auch die anderen Charaktere der Geschichte, Mercutio, Tybalt, Lorenzo und Paris, erschuf Da Porta. Inspiriert hat ihn vermutlich eine Erzählung, die ein Schriftsteller, der im 15. Jahrhundert in Salerno lebte, in einer Novellensammlung veröffentliche.

Der französische Dichter Pierre Boaistuau übernahm die Geschichte Da Portos unter dem Titel „Rhomeo et Julietta“, die wiederum den englischen Dramatiker Arthur Brooke zu seiner Verserzählung „The Tragical History of Romeus and Juliet“ anregte. Beide Werke dienten Shakespeare als Grundstein zu seiner Tragödie von Romeo und Julia.

So ernüchternd es sein mag: Romeo und Julia sind zwar Figuren der Weltliteratur, doch in Wirklichkeit haben sie nie existiert. Und trotzdem erwachen die Liebenden in den Gassen Veronas mit seinem einzigartigen Flair der Renaissance zum Leben. Sie haben der Stadt ihre Spuren eingeprägt und sind hier überall präsent.

Da ist der Palazzo der Capuleti, auf dessen Balkon Romeo vielleicht eben noch geklettert ist, während er seine Julia anschmachtete. Und weil er nun wohl gerade mit ihr im Zimmer verschwunden ist, geht es weiter zum Haus des Romeo, dem Palazzo der Montecchi in der Via Arche Scaligere. Zwar kann das Gebäude, dessen Pracht dem Verfall anheimgegeben ist, nicht von innen besichtigt werden, doch wurden einige seiner Räume dem angrenzenden Ristorante angegliedert. An der Fassade des Hauses erinnert eine Inschrift an die Legende: „Oh! Dov'è Romeo?... Taci, ho perduto me stesso: io non son qui e non son Romeo, Romeo è altrove…” – „Oh! Wo ist Romeo?... Sei still, ich habe mich verloren: Ich bin nicht hier und ich bin nicht Romeo, Romeo ist anderswo…"

Und weiter führt der Weg auf der Suche nach der großen Liebe unweigerlich zu ihrem Ende. In der Via del Pontiere liegt das ehemalige Kapuzinerkloster San Francesco al Corso. Unten in der Krypta, verborgen im Halbdunkel, steht ein schlichter leerer Steinsarkophag, in den sehnsuchtsvolle Hände zuweilen eine frische Blume legen oder kleine Briefe, in denen um die Erfüllung von Liebeswünschen gebeten wird: Wir sind am Grab der Julia angekommen, Tomba di Giulietta, einem stillen Ort, den die Touristenströme noch nicht entdeckt haben.

Denn diese drängen sich noch immer um die Casa di Giulietta in der Via Cappello 27 herum. Nachdem sie ehrfurchtsvoll den Balkon betrachtet haben, senkt sich ihr Blick und trifft auf die bronzene Statue der Julia, die der Bildhauer Nereo Costantini geschaffen hat. Auffallend ist vor allem ihr blankpolierter Busen. Das Rätsel um diesen löst sich schnell, denn wie im Petersdom der Fuß der Bronzestatue des Petrus von Abermillionen Händen berührt und von Abermillionen Mündern geküsst wird, so gilt es hier als unabdingbar, sich neben Julia zu stellen und die Hand auf ihren Busen zu legen, denn das soll Glück bringen. Zudem ist diese Pose eine gute Gelegenheit, sich für die Lieben daheim ablichten zu lassen.

Und so stehen die Besucher geduldig an und warten, bis die anderen ihr Foto gemacht haben, um sich dann selbst zu Verkörperung der Romantik zu stellen. Auch wenn sie nur aus Bronze ist und bloß eine Legende bleibt.

Risotto all'Amarone con insalata di rucola – Risotto mit Amarone und Rucolasalat

Zutaten für vier Personen:

500 g Risottoreis
½ l Amarone
¾ l Gemüsebrühe
1 Zwiebel
100 g Butter
100 g gehobelter Parmesan
100 g frisch geriebener Parmesan
1 Bd. Rucolasalat
1 unbehandelte Zitrone
60 ml Olivenöl
Salz und Pfeffer

Zubereitung:

Den Rucola putzen, die Stiele entfernen. Die Zitrone waschen, den gelben Anteil der Schale dünn abreiben, danach die Zitrone auspressen. Die Schale mit dem Olivenöl vermischen, salzen pfeffern, nach Geschmack Zitronensaft hinzufügen. Vor dem Servieren den Rucola mit dem Dressing vermischen, mit dem gehobelten Parmesan bestreuen.

Die Zwiebel schälen und würfeln. In einem Topf Butter schmelzen und die Zwiebeln darin anbraten, dann den Reis zugeben und kurz mitrösten. Mit dem Wein ablöschen. Unter ständigem Rühren bei milder Hitze nach und nach die Brühe zugeben. Der Reis soll dabei immer suppig aussehen, aber nie in der Brühe schwimmen. Nach ca. 15 – 18 Minuten (wenn der Reis noch etwas bissfest ist) den geriebenen Parmesan zugeben, mit Salz und Pfeffer abschmecken. Mit dem Salat und frischem Weißbrot servieren.

Amarone ist ein Rotwein aus dem Valpolicella-Anbaugebiet in der Nähe von Verona. Er ist ein schwerer, aromatischer Wein und gilt als einer der großen Weine Italiens.

Eisenherren der Toskana – die Etrusker

Vor 3.000 Jahren erhob sich mitten in Italien scheinbar aus dem Nichts eine blühende Hochkultur. Ein lebensfrohes Volk begann, prächtige Städte zu erbauen, blühenden Handel zu treiben und sich mehr und mehr über das Land auszubreiten. Woher diese Etrusker kamen, ist sagenumwoben, und die heutige Forschung vermag darauf noch immer keine abschließende Antwort zu geben. Der Geschichtsschreiber Dionysos von Halikarnassos vermutete vor 2.000 Jahren, sie seien ein Volk aus Italien. Sein Kollege Herodot dagegen hatte rund 400 Jahre zuvor angenommen, dass die Etrusker ursprünglich aus dem kleinasiatischen Lydien gekommen seien und eine Hungersnot sie zum Verlassen ihrer Heimat gezwungen habe. Der Legende nach hieß der König der Lyder, der sie aus Kleinasien in die Fremde führte, Tyrrhenos. Die Griechen bezeichneten die Etrusker deshalb auch als Tyrrhener. Und noch heute trägt das Meer, über das die Etrusker einst herrschten, diesen Namen.

Ausgrabungen brachten auf der nordägäischen Insel Lemnos die Reste einer Stadt hervor, die während des gesamten 3. Jahrtausends v. Chr. bewohnt wurde und als früheste europäische Stadt gilt. Sie gehörte wie Troja dem ägäischen Kulturkreis der Bronzezeit an und wurde nach einer Naturkatastrophe um 2.000 v. Chr. aufgegeben. Als Sprache diente ihren Bewohnern das aus Kleinasien stammende Lemnisch, und dieses Lemnisch ähnelt in vielerlei Hinsicht dem Etruskischen. Beide Sprachen kennen nur vier Vokale, beide kennen weder b, d noch g und stimmen in den Variationen der übrigen Konsonanten weitgehend überein. Daher vermutet man den Ursprung der Etrusker auf Lemnos. Vielleicht veranlasste jene Naturkatastrophe die Menschen zur Umsiedlung nach Italien.

Dort angekommen, vermischte sich das als friedliebend geltende Volk der Etrusker mit den einheimischen Italern. Seit dem 10. vorchristlichen Jahrhundert finden sich klare archäologische Spuren im Kernland der Etrusker zwischen Florenz und Rom.

Ihre aufstrebende Macht verdankten die Etrusker ihrer frühen Fähigkeit zur Verarbeitung von Eisen. Die Insel Elba diente ihnen als Zentrum des Erzabbaus, und noch heute sieht man dessen Spuren am Strand von Baratti unweit von Piombino in Form von riesigen Schlackenhalden. Die Etrusker verbreiteten ihre überlegenen Fähigkeiten in der Metallverarbeitung in ganz Mittelitalien. Auch ihre Goldschmiedekunst zeugt von größtem feinmechanischen Können.

Sie begannen, eine Seeflotte aufzubauen und regen Handel zu treiben. Wie die Hanse im Mittelalter errichteten die Etrusker Handelskontore. Allein sechs Städte ihres sagenhaften Zwölfstädtebundes lagen auf dem Gebiet der Toskana, unter anderen Pisa, Florenz, Volterra und Arezzo.

Die Etrusker handelten bis nach Ägypten, nach Spanien und sogar bis an die Ostsee. Fundstücke beweisen Geschäfte mit Regionen, die heute zu Polen und der Ukraine gehören. Über den Gardasee drangen sie durch das Trentinerland nach Südtirol vor und über die Rhone bis in germanische Gebiete. An der bayerisch-österreichischen Grenze finden sich etruskische Inschriften. Ihr mitgebrachtes Wissen und ihre Kultur

„etruskisierten“ die Bewohner der nördlichen Länder einschließlich der Kelten.

Im 9. und 8. Jahrhundert v. Chr. entstand die sogenannte Villannova-Kultur mit ihren markanten Friedhöfen. Denn ab dieser Zeit wurden Leichen nicht mehr wie zuvor verbrannt, sondern in immer kunstvoller gestalteten Grabstätten bestattet. Der Tod stellte für die Etrusker keinen Grund zur Trauer dar, vielmehr betrachteten sie ihn als freudige Fortsetzung des Lebens in einer anderen Welt. Deshalb schmückten sie die Gräber und verzierten die Sarkophage, in denen sie die Toten zur letzten Ruhe betteten, mit kunstvollen Reliefs, die lukullische und andere erfreuliche Szenen aus dem Leben der Verstorbenen zeigten. Mehr als 150 Gräber reicher Familien sind der Toskana und in Latium erhalten.

Die Etrusker prägten auch eine neue Mythologie und Religion. Huldigten sie ursprünglich einer matriarchalischen Religion der Großen Mutter, so nahmen sie nach und nach neue Gottheiten an. Ihre Hauptgötter stellten Sonne und Mond dar. Auch griechische Götter wurden übernommen und erhielten etruskische Namen. Von den Etruskern, die auch die Tinte schon kannten, sind etwa 7.500 Texte in ihrer Sprache erhalten, Grabinschriften, Ritualtexte, Widmungen, Bauinschriften und Opfergelübde. Die 20 Bände umfassende Geschichte des etruskischen Volks wurde aber leider beim Brand der Bibliothek von Alexandria zerstört.

Die Baukunst der Etrusker blieb beispielhaft für alle nach ihnen kommenden Volksgruppen, einschließlich der Römer. Das 24 Kilometer südlich von Bologna gelegene Marzabotto ist ein typisches Beispiel für etruskischen Städtebau. Dachfragmente zeigen Ziegelkonstruktionen und Firstverzierungen. Das schachbrettartige Straßennetz der Stadt findet sich als Vorbild für die italienischen Architekten in der Renaissance wieder. Die gepflasterten Straßen sind 15 Meter breit, sie haben Bürgersteige und Abflussrinnen. Die Akropolis der Stadt verfügte über eine eigene Wasserkläranlage.

Die Etrusker kultivierten ihr Land und bauten Obst, Gemüse, Hülsenfrüchte und Getreide an. Ihre Küche basierte auf Zweikorn, und die daraus hergestellte Suppe diente in allen sozialen Klassen als wichtige Mahlzeit. Außerdem verspeisten die Etrusker Linsen, Kichererbsen und Saubohnen, wobei Ernteüberschüsse getrocknet und bis nach Gallien exportiert wurden. Fisch gab es seltener, er wurde an etruskischen Tafeln nicht sehr geschätzt. Rind-, Schaf-, Schweinefleisch und Wildbret blieben den wohlhabenderen Klassen vorbehalten. Dagegen genossen Milchprodukte große Beliebtheit, da die Schaf-, Ziegen- und Rinderzucht intensiv betrieben wurde.

Ab dem 7. Jahrhundert v. Chr. begann die Herstellung von Olivenöl. Es fand zunächst hauptsächlich für Salben und Parfums Verwendung, doch bereitete man schon bald auch Speisen damit zu. Wein diente als Hauptgetränk, nachdem er im Lauf des 8. Jahrhunderts v. Chr. aus Griechenland seinen Weg zu den Etruskern gefunden hatte. Doch der etruskische Wein konnte nicht pur getrunken werden, denn er schmeckte intensiv und besaß einen hohen Alkoholgehalt. Daher musste man ihn mit reichlich Wasser vermischen. Bei Musik und Tanz feierten die Etrusker üppige Tafelfeste, wobei im Gegensatz zu anderen Völkern jener Zeit auch Frauen teilnahmen. Dies verschaffte den etruskischen Damen bei den anderen Völkern einen schlechten Leumund, vor allem standen sie im Ruf, starke und maßlose Weintrinkerinnen zu sein.

Bei den Römern genossen allerdings sämtliche Etrusker den Ruf großer, den Tafelfreuden ergebener Trinker. Sie bezeichneten ihre Nachbarn als „Tusci", und nun wissen wir auch, woher der Name „Toskana" stammt. Unter dem Geschlecht der Tarquinier erlangten Tusci die Vorherrschaft über das noch junge Rom und sollten sie bis gegen Ende des 6. Jahrhunderts behalten. Der Einfluss der Tusci auf das noch rohe römische Bauernvolk muss gewaltig gewesen sein, selbst so typisch Römisches wie die Toga, Gladiatorenspiele oder der Triumphzug siegreicher Feldherren sollen ihren Ursprung bei den Etruskern haben.

Die Grenzen ihrer Expansion erreichten die Etrusker erst, als sie mit Capua und Pompeji auch Kampanien sowie mit Bologna die Poebene kontrollierten. Doch im späten 6. Jahrhundert v. Chr. begannen die Griechen zunehmend, die Etrusker von den mediterranen Handelsmärkten zu verdrängen. Griechische Städte konnten ihre Position in Süditalien stärken, gleichzeitig weitete Rom seinen Einfluss in Mittelitalien aus. Zudem drangen von Norden her keltische Gallier nach Italien vor.

510 v. Chr. wurden die verhassten tarquinischen Könige aus Rom vertrieben, wo nun die Zeit der Republik begann. 474 v. Chr. nahm die Seemachtsherrlichkeit der Etrusker ein Ende, als sie dem in Sizilien ansässigen Tyrannen Hieron von Syrakus unterlagen. Von nun an mussten sie Plünderungen ihrer Küstensiedlungen und die Besetzung Elbas durch die syrakusische Flotte hinnehmen.

Zum gefährlichsten Feind aber entwickelte sich Rom, das seine Herrschaft immer weiter nordwärts in das etruskische Kernland hinein ausdehnte. Die Etrusker verbanden sich mit den aus Karthago kommenden Puniern und erlitten durch deren militärische Niederlagen auch selbst Rückschläge, bis die Römer den Etruskern schließlich im Jahr 303 v. Chr. den entscheidenden Stoß versetzten. Alle Etrusker, die nicht fliehen konnten, wurden römische Untertanen.

Mit dem Untergang der etruskischen Herrschaft verschwanden, soweit sie nicht von den Römern übernommen wurden, auch Kultur und Sprache der Etrusker ganz. – Ganz? Nein! Ein von unbeugsamen Etruskern besetztes Gebiet hört nicht auf, Widerstand zu leisten!

Der Historiker Pompeius Trogus berichtet um das Jahr Null herum, dass einige der ihres Landes beraubten Etrusker unter ihrem Führer Raetus nach Norden flohen. Sie fassten Fuß in den Alpen und gründeten dort den Stamm der Räter. Hierüber berichten auch Plinius der Ältere sowie der Geschichtsschreiber Livius aus Padua. Die Räter verrohten Livius zufolge allerdings in ihrer neuen Umgebung, sodass außer dem Klang ihrer Sprache nichts von ihrer Kultur erhalten blieb. Noch heute wird das Rätoromanische von den Nachfahren dieser Etrusker in abgelegenen Dörfern Graubündens in der Schweiz gesprochen.

Für alle Hobbyköche klären wir jetzt noch die Sache mit dem Zweikorn. Noch immer lebt nämlich in der toskanischen Küche das Vermächtnis der Etrusker. Dort ist die Zweikornsuppe bis auf den heutigen Tag sehr verbreitet und hochgeschätzt.

Das Zweikorn, auch Emmer genannt (italienisch „farro"), ist ein Getreide aus der Familie der begrannten Weizen, dessen Ähren jeweils zwei dreieckige essbare Samen beinhalten. Auf dem Markt sind heute zwei Sorten von Zweikorn erhältlich: Das echte Zweikorn und der Dinkel, der von einer dem Zweikorn sehr ähnlichen, aber nicht ganz so wertvollen Pflanze hervorgebracht wird. Zweikorn stellte das Grundnahrungsmittel der Assyrer dar, außerdem der Ägypter, der Etrusker, der Griechen und der Römer. Seit dem vorletzten Jahrhundert geriet es in Vergessenheit, lange Zeit wurde es absichtlich ignoriert, da man es mit Armenkost gleichstellte.

In neuerer Zeit wird das Zweikorn dank der Wiederentdeckung der traditionellen Küche wieder geschätzt. Eines seiner

Erzeugergebiete ist die Toskana, genauer gesagt das Gebiet der Garfagnana, wo es noch heute als die beste Ernährung für ein langes Leben betrachtet wird. Sicher ist, dass Zweikorn viele wertvolle Nährstoffe wie Vitamine und Antioxidantien enthält und dass es aufgrund seines hohen Anteils an Ballaststoffen auch der Entschlackung dient.

Der Anbau des Zweikorns in der Garfagnana wird unter Freunden der Naturkost auch deshalb geschätzt, weil er ohne den Einsatz von chemischer Schädlingsbekämpfung und Pflanzenschutzmitteln auskommt. Heute wird Zweikorn wieder in den besten Restaurants der Toskana angeboten. Seine häufigste Verwendung findet es nach wie vor in Form der Zweikornsuppe. Die weiteren Verarbeitungsmöglichkeiten sind aber sehr vielfältig. Man kann es zu Brot backen oder als Sättigungsbeilage kochen, als Zutat von Salat verwenden oder zu Brätlingen verarbeiten. Die Palette ist breit und von Gebiet zu Gebiet verschieden, da sie an die lokalen Sitten und Gebräuche gebunden ist. Probieren wir es mal in einer leichten Suppe. Guten Appetit!

Zuppa di farro – Zweikornsuppe

Zutaten für 4 Personen:

200 g Zweikorn (ersatzweise Dinkel)
4 Möhren
3 Zwiebeln
1 Stange Staudensellerie
1 Bd. glatte Petersilie
2 Knoblauchzehen
4 frische Salbeiblätter
würziges Olivenöl
Salz und Pfeffer

Zubereitung:

Die Zwiebeln schälen und grob würfeln, die Möhren und den Staudensellerie putzen und in Scheibchen schneiden.

Das Zweikorn in 1 ½ l gesalzenem Wasser aufkochen und 15 Minuten lang bei mittlerer Hitze köcheln lassen. Nun Zwiebeln, Möhren und Staudensellerie hinzugeben, kurz aufkochen, mit Salz abschmecken und dann 30 Minuten lang auf kleinster Flamme köcheln lassen.

In der Zwischenzeit Salbei, Petersilienblättchen und die gehäuteten Knoblauchzehen fein hacken, mit 6 El Olivenöl vermischen und kräftig pfeffern.

Die Suppe vom Herd nehmen und die Kräuter-Knoblauchmischung hineingeben, kurz umrühren und mit deftigem Brot servieren. Nach Wunsch noch mit etwas Olivenöl beträufeln.

Tor zur Hölle – Solfatara

Der Vulkankrater von Solfatara gehört zu den wohl unheimlichsten Schauplätzen Italiens. Und von diesem seit Jahrtausenden brodelnden und dampfenden Ort kann man im wahrsten Sinne des Wortes die Nase schnell voll haben.

Solfatara ist Teil der Phlegräischen Felder, die ein einzigartiges geophysikalisches Phänomen darstellen. Der Name stammt von den Griechen der Antike, die dieses Gebiet „brennende Felder" nannten (phlegraios = brennend). Die Gesamtfläche der Phlegräischen Felder beträgt 150 Quadratkilometer, ihre Aktivitätszone befindet sich teilweise auch untermeerisch im Golf von Pozzuoli. Solfatara, der Hauptvulkan der Phlegräischen Felder, liegt zehn Kilometer westlich des Vesuvs und circa einen Kilometer von der Küstenstadt Pozzuoli entfernt, die ihrerseits zehn Kilometer von Neapel trennen.

Der Zugang zum Krater liegt an der Küstenstraße. Gegenüber erhebt sich das liebliche Ischia aus dem blau glitzernden Meer. Blühende Bougainvilleen verzaubern die Welt mit einem Rausch von leuchtendem Pink. Knatternd fährt ein Gemüsehändler mit seiner Ape vorbei, üppig beladen mit prallen Melonen, strahlend gelben Zitronen, leuchtenden Auberginen und tiefroten Tomaten.

Dieses typisch süditalienische Flair verlässt man und wandert nichts Böses ahnend durch ein altes Tor. Hier zahlt man den Eintritt, dann geht es weiter einen von hohen Bäumen gerahmten Weg entlang. Daneben befindet sich ein Campingplatz für alle Hartgesottenen, die herüberwehende Schwefelschwaden nicht von ihrer Nachtruhe abhalten können. Und unvermittelt steht man vor dem Krater: Ellipsenförmig öffnet sich sein blendend heller Boden und lädt zum Betreten einer völlig anderen Welt ein.

Etwa 700 mal 600 Meter ist er groß, hat einen Durchmesser von rund 400 Metern und ist teilweise mit Absperrungen versehen, um die Besucher auf dem rechten Weg zu halten. Denn ein versehentliches Bad im 200 Grad Celsius heißen Schlamm wäre sicherlich keine angenehme Erfahrung. Hinweisschilder führen durch den Krater, es ist aber auch möglich, an einer Führung teilzunehmen. Der flache Kraterboden ist mit weißlichem Material bedeckt, sein Rand besteht aus Tuffgestein und hat einen Umfang von ungefähr zwei Kilometern. Im Norden und Süden erreichen seine Flanken bis zu 70 Prozent Steigung.

Zahlreichen seltenen Pflanzen ermöglicht das besondere Kleinklima, dort am Kraterrand zu gedeihen. Der Kraterboden selbst ist bis zu 150 Grad Celsius heiß und daher kahl und frei von biologischem Leben – denn hier lebt die Erde! Nur Menschen wagen es, dieses Feld zu betreten, und das schon seit der Antike, wo man in dieser bizarren Welt des Feuergottes Hephaistos das Tor zur Unterwelt vermutete.

Jedoch wurden die vulkanischen Effekte von Solfatara auch schon früh für heilsame Thermalbäder genutzt. Die älteste erhaltene Aufzeichnung darüber stammt vom griechischen Geografen Strabon (66 v. Chr. – 24 n. Chr.). Die Römer erbauten Schwitzkammern, die durch heiße Gase beheizt wurden. Und noch vor etwa 500 Jahren fing man die Schwefeldünste auf, um Kranke damit zu heilen. Lungen- und Hautkranke erhofften sich Linderung ihrer Leiden durch die Inhalation dieser Schwefelgase. Ab Ende des 16. Jahrhunderts galt es für eine Weile als schick, zur Kur nach Solfatara zu reisen.

Petrarca, Goethe und Dumas besuchten den Krater von Solfatara, er findet sich auf alten Gemälden und Stichen. Seit Beginn des 19. Jahrhunderts ist er für Besucher zugänglich.

Umgeben von Rauchfahnen und gehüllt in unheimliche Nebel kann man den teilweise heftig nach Schwefel stinkenden Hexenkessel durchgehen. Kochende Fumarolen stoßen grässlich nach faulen Eiern riechende Wolken in die ohnehin schon heiße Luft, Schlammlöcher blubbern bedrohlich vor sich hin, wo man hinschaut, raucht und qualmt es. Tritt man fester auf den blendend hellen Boden des Kraters auf, so meint man, das dumpfe Echo der Unterwelt zu hören. Zugleich beklemmend und faszinierend ist dieser mystische Ort. Er erscheint so fremdartig wie eine Mondlandschaft, die von Geisterhand in eine blühende mediterrane Umgebung eingebettet wurde.

Die besonderen Erscheinungen Solfataras haben den Vulkan zu einem wichtigen Untersuchungsobjekt für Vulkanologen werden lassen. Seine seismischen Vibrationen, die Erdkrustenverformungen, Rauchentwicklungen und Fumarolen sind einzigartig. An den Öffnungen dieser Fumarolen kann man farbige Ablagerungen und Kristalle beobachten, die sich beim Abkühlen der austretenden Gase bilden. Heiße Schwefeldampfquellen mit Temperaturen zwischen 90 und 250 Grad Celsius sind nach Solfatara benannt und werden in der Vulkanologie als Solfatare bezeichnet. Wird das umgebende Gestein durch die heißen Gase zersetzt, so bildet sich feiner Schlamm, der in den brodelnden Schlammtöpfen zu beobachten ist. Heißer Schwefelwasserstoff entweicht aus den blubbernden Schlammlöchern und trägt zum allgegenwärtigen Gestank bei. All diese Phänomene sind auf das einsickernde Regenwasser zurückzuführen, das sich im Inneren der Erde erhitzt. In Verbindung mit dort unten gelösten chemischen Elementen und Gasen gelangt der Wasserdampf wieder an die Oberfläche.

Das Kraterinnerste ist eingezäunt. Man kann aber auf dem Kraterboden ganz um den Krater herumgehen und teilweise über die dampfenden Hügel klettern. Diese vulkanischen Erscheinungen sind selbst für Kinder unter Aufsicht ungefährlich, da nicht mit giftigen Gasen oder Ausbrüchen zu rechnen ist. Im Sommer, wenn die Sonne scheint, kann die Temperatur im Kraterinneren aber leicht auf 50 Grad Celsius ansteigen. Für den Besuch sollte man an solchen Tagen deshalb besser nicht die Mittagszeit wählen.

Und ganz so ein harmloser Spaß, wie es nun scheinen mag, ist die Solfatara leider nicht. Die Phlegräischen Felder zählen zu den größten Vulkanen der Erde, denn sie gehören zum Typus der sogenannten „Supervulkane“. Der Ausbruch eines solchen Vulkans hätte unmittelbar verheerende Folgen wie den Auswurf von Magma, der einen Umkreis von mehreren 100 Kilometern beeinträchtigen könnte. Außerdem würde er schwere Erdbeben und Tsunamis mit sich bringen. Die vulkanische Asche würde in der Atmosphäre darüber hinaus um die ganze Erde getragen und eine Klimakatastrophe in Form eines vulkanischen Winters nach sich ziehen, verbunden mit Nahrungsverknappung und einem Artensterben kaum vorstellbaren Ausmaßes.

Der letzte Ausbruch eines Supervulkans ereignete sich vor rund 26.500 Jahren in Neuseeland. Die Phlegräischen Felder brachen zuletzt vor etwa 39.000 Jahren aus. Und niemand weiß, wie lange die Ruhe noch währen wird.

Verdure al forno – Gemüse aus dem Ofen

Zutaten für 4 Personen:

2 Auberginen
2 Zucchini
je eine grüne, rote und gelbe Paprikaschote
6 mittelgroße Kartoffeln
2 Gemüsezwiebeln
6 Tomaten
200 g Champignons
3 Knoblauchzehen
1 Bd. Blattpetersilie
150 ml Olivenöl
150 g geriebener Parmesan
Salz
Pfeffer

Zubereitung:

Das Gemüse waschen und putzen, die Tomaten entkernen, Kartoffeln, Zwiebeln und Knoblauch schälen.

Das Gemüse entsprechend seiner Garzeit zerkleinern, also Gemüse, das eine längere Garzeit hat, in kleinere Stücke schneiden. Die Knoblauchzehen fein hacken. Alles in eine große Schüssel geben, salzen, pfeffern, mit dem gehackten Knoblauch überstreuen, mit dem Olivenöl übergießen und gut vermischen. Anschließend flach auf einem Backblech verteilen.

Den Backofen auf 180°C vorheizen und das Gemüse darin 45 Minuten backen, bis es zu bräunen beginnt. In der Zwischenzeit die Petersilienblättchen abzupfen und grob hacken.

Das fertige Gemüse mit der Petersilie und dem Parmesan bestreuen, mit knusprigem Weißbrot oder Ciabatta servieren.

Es bleibt in der Familie – die Mafia

Wie der Begriff „Mafia“ entstand, darüber streiten sich die Geister. Es gibt die verschiedensten Theorien. So könnte er vom Arabischen „Maha“ abstammen, dieses Wort bezeichnet eine Höhle, und „mafie“ nannte man in Sizilien die als Schutzräume und Versteck dienenden Höhlen in der Gegend von Trapani. Möglich wäre aber auch der Ursprung in den arabischen Wörtern ma hias (Zerstörer), mahfil (Versammlungsort) oder mu afir (Schutzgeber). Ein sizilianisches Dialektwort, „mafiusu“, bedeutet darüber hinaus so etwas wie selbstsicher und arrogant.

Unstrittig ist dagegen, dass die Wurzeln der Mafia auf Sizilien liegen. Sie entstand im 18. und 19. Jahrhundert. Im Königreich Süditalien stand Willkür an der Tagesordnung. Sizilien befand sich bis zu dieser Zeit fast immer unter Fremdherrschaft und wurde als ferne, uninteressante Provinz behandelt. Großgrundbesitzer beanspruchten das Landesinnere und teilten es unter sich auf. Hier lebten sie auf opulenten Landgütern. Als es dann in Mode kam, den Hauptwohnsitz in kosmopolitische Städte wie Neapel oder Palermo zu verlegen, stellten sie Sicherheitsleute ein, um ihre Landbesitze während ihrer Abwesenheit zu schützen.

Die Führer dieser Truppen, die „Gabellotti“, gewannen zunehmend Macht und Einfluss. Oft pachteten sie selbst das Land von den jeweiligen Großgrundbesitzern, um es an einfache Bauern weiterzuverpachten. Da bedingt durch die Abgeschiedenheit auf der Insel eine staatliche Kontrolle in weiter Ferne lag, bauten die Gabellotti ihre Macht mit den Jahren immer weiter aus. Durch diese Abwesenheit einer schützenden Staatsgewalt wurde die Entstehung der Mafia erst möglich.

Die Gabellotti zwangen die Bauern, einen Teil der Ernte als Schutzgeld („pizzu“) an sie abzugeben und sorgten im Gegenzug für Sicherheit vor den herumziehenden Räuberbanden. Sie bewachten auch die Ernte und transportierten diese in die Städte, wo sie enge Kontaktnetze aufbauten. Dadurch stieg ihr Ansehen bei den einfachen Bauern, die sie zunehmend auch bei ihren Problemen zu Rate zogen. Mit kriminellen Methoden verdrängten die Gabellotti schließlich die Großgrundbesitzer und zwangen diese, ihr Land billig zu verkaufen. Und Käufer waren natürlich die inzwischen zu Geld gekommenen Gabellotti selbst.

Die Eingliederung Siziliens in den italienischen Staat 1861 sorgte keineswegs für Besserung. Die starken Familienverbände der Gabellotti empfanden die italienischen Gesetze, die auf einmal gelten sollten, als unerhörte Einmischung. Die Wehrpflicht, das Steuersystem, das Justizwesen, all diese staatlichen Einrichtungen lehnten sie als unerträglich ab. Hielten doch die Gabellotti selbst auf Sizilien Stellung als inoffizielle Gesetzgeber, als Richter und als eine Exekutive, die vor Gewalt nicht zurückschreckte, um ihre eigenen gesellschaftlichen Werte und Strukturen zu erhalten.

Bis ins 20. Jahrhundert hinein akzeptierte der Staat diese Lösung und arbeitete sogar mit der Gabellotti-Mafia zusammen. In der Folge unterliefen Mitglieder der Mafia die staatlichen Institutionen und stärkten ihre Machtposition und die ihrer Clans, indem sie Staatsvertreter an sich banden. Die Mafia war mittlerweile fest in der sizilianischen Volkskultur verankert.

Erst den Faschisten gelang es, das Machtmonopol der Mafia aufzubrechen, da auch sie vor äußerster Gewaltanwendung nicht zurückschreckten. Innerhalb weniger Jahre schafften es Mussolini und seine Gefolgsleute, die sizilianische Mafia in der Bedeutungslosigkeit verschwinden zu lassen. Der totalitäre Staat selbst übernahm die Rolle der Mafia, denn sie ist im Grunde nichts als eine Extremform des Rechtskonservatismus, bei der Rechtsstaatlichkeit und freie Marktwirtschaft abgeschafft sind. Nach dem Zusammenbruch des faschistischen Regimes trat die Gabellotti-Mafia schnell wieder an dessen Stelle. Denn ihre Existenz beruht auf einer fest verwurzelten Mentalität, die von einer Aversion gegen staatliche Ordnung geprägt ist.

Die Stadt Corleone hat Palermo als Hauptstadt des organisierten Verbrechens auf der Insel abgelöst. Sie genießt den traurigen Ruf, früher eine der gewalttätigsten Städte der Welt gewesen zu sein. So wurden hier allein zwischen 1944 und 1948, als nach Ablösung der Faschisten die Macht neu aufgeteilt wurde, 153 Morde verübt.

Die sich wandelnden gesellschaftlichen Strukturen nach dem Zweiten Weltkrieg sorgten dafür, dass auch die Mafia sich wandelte. In Norditalien und in Mitteleuropa wurden Arbeitskräfte gesucht, und viele sizilianische Bauern sahen darin ihre Chance zu einem Neuanfang. Sie verließen die Heimat und damit auch ihre Abhängigkeit von der Mafia. Die Mafia orientierte sich nach dem Vorbild der amerikanischen Mafia um und verlagerte ihre Aktivitäten in die Städte. Hier nutzte sie den einsetzenden Bauboom für ihre Geschäfte und spezialisierte sich unter anderem auf die Abzweigung von Entwicklungsgeldern der Regierung in Rom und der EU.

1950 führte die italienische Regierung die sogenannte Südkasse zum Aufbau des „Mezzogiorno“ ein, des Südens von

Italien. Damit sollten die Wirtschaft subventioniert und öffentliche Dienstleistungen finanziert werden. Bis 1984 flossen etwa 120 Milliarden Euro in diese Kasse, die sich zu einem Reservoir für die Symbiose von Mafia und Politik entwickelte. Die Mafia entschied, wer die lukrativen Aufträge erhielt, und kassierte eifrig mit. Wer mit der Mafia zusammenarbeitete, kam zu Geld, wer das nicht tat, hatte verloren.

So wurde auf Sizilien Land urbar gemacht, Wälder wurden aufgeforstet, 18.000 Kilometer Straßen wurden gebaut und weitere 22.000 Kilometer modernisiert, Wasser- und Stromleitungen gelegt, Schulen, Kindergärten und Krankenhäuser errichtet. Doch leider wies die Kasse im Jahre 1984 ein Defizit in Höhe von zwölf Milliarden Euro auf, denn alle Projekte fielen auf rätselhafte Art und Weise mindestens 70 Prozent teuer als geplant aus.

Seit den Achtzigerjahren hat die Mafia ein undurchschaubares Kartell von Baufirmen aufgebaut, das die Bauausschreibungen auf Sizilien komplett kontrolliert. Das größte Projekt der Gegenwart ist die viele Milliarden Euro teure Brücke, die Sizilien mit dem Festland verbinden und zu großen Teilen durch EU-Mittel für Infrastrukturverbesserung finanziert werden soll. Das Projekt liegt aber vorerst auf Eis.

Hauptsächliches Ziel der Mafia ist es, sehr viel Geld zu verdienen. Dieses Geld beschafft sie sich neben der Abschöpfung öffentlicher Subventionen mit kriminellen Aktivitäten wie dem lukrativen Drogenhandel, hinzu kommen Schutzgelderpressung, Menschenhandel, Waffenhandel und ähnlich verwerfliche Geschäfte. Das wiederum macht es nötig, Einrichtungen zur Geldwäsche aufzubauen, sei es im Baugewerbe, auf dem Immobilienmarkt, in der Müllwirtschaft, der Gastronomie, im Bankwesen oder in anderen Sektoren. Damit nimmt die Mafia am normalen Wirtschaftsleben der Gesellschaft teil und wird zu einem nicht unbedeutenden Wirtschaftsfaktor des Landes. Allein in Italien soll sie jährlich 100 Milliarden Euro erwirtschaften, doppelt so viel wie der Fiatkonzern.

Die Mafia schafft Verbindungen zu nationalen Politikern und sorgt dafür, dass staatliche Aufträge nach ihren Maßgaben verteilt oder öffentliche Stellen in ihrem Sinne besetzt werden. Auf diese Art unterwandert sie die Gesellschaft immer weiter, so lange ihr nicht Einhalt geboten wird. In Italien bringt die konsequentere Vorgehensweise gegen die Mafia in den letzten Jahrzehnten vermehrt Erfolge, jedoch erschwert die zunehmende Internationalisierung der Mafia deren Bekämpfung. Die für italienische Verhältnisse besonders lange andauernde Berlusconi-Regierung tat zudem einiges, um die Bekämpfung der Mafia zu erschweren. Das geschah durch neue Gesetze, die die Verfahren erschwerten, und durch die Streichung von Mitteln für die Verfolgung der Mafia. So wurden zum Beispiel die gepanzerten Limousinen und Bodyguards der wichtigen Ermittler abgeschafft.

In der Welt der Mafia hat sich die Familie zur dominanten gesellschaftlichen Organisationsform entwickelt. Der harte Kern dieser Clans besteht aus der engsten Verwandtschaft, durch strategische Eheschließungen oder Patenschaften entstanden und entstehen noch immer verzweigte Verflechtungen. Blutsverbindungen sind entscheidend, geschäftliche Interessen gelten demgegenüber als untergeordnet. Neben der biologisch verwandten Familie spielen die auf Schwüren basierenden Gefolgschaften zu politisch einflussreichen Personen eine große Rolle.

Die Mitglieder einer Familie haben einen strengen Codex einzuhalten und sind ihrem Clanchef zu unbedingtem Gehorsam verpflichtet. Im Gegenzug garantiert der Patron Schutz und Hilfe für seine Untergebenen. Je größer deren Zahl, desto größer ist sein Einfluss. Verstöße gegen die Regeln dieser Bosse werden strengstens geahndet. Die einzelnen Bosse wiederum unterstehen einem Oberboss, dem sogenannten „capo di tutti i capi“. Nach dem blutigen Mafiakrieg, der sich in den Achtzigerjahren in Palermo zutrug und mehr als 300 Tote forderte, übernahm Salvatore „Totò“ Riina aus Corleone diese Rolle. Nach dessen Verhaftung ging die Führung an Bernardo Provenzano, der jedoch 2006 nach 43-jähriger Flucht selbst verhaftet wurde. Inzwischen gibt es selbstverständlich längst einen neuen Capo di tutti i capi auf Sizilien.

Die Mafia ist eine patriarchische Organisation. Frauen haben in der „onorata società“, der „Ehrenwerten Gesellschaft“, nichts verloren. Ein charismatisches Auftreten und große Gewaltbereitschaft stellten schon immer die Grundvoraussetzungen für eine gehobene Karriere bei der Mafia dar. Eine starke Persönlichkeit verbunden mit autoritärer Ausstrahlung sorgen für Respekt und hohes Ansehen in der Bevölkerung. „Omertà“ – Schweigen – und „vendetta“ – Rache – sind die wichtigsten Grundregeln, die ein Mafioso einzuhalten hat. Ein ordentlicher Mafioso ist ein „uomo d'onore“, ein Ehrenmann, der mit seinem Wort für die Vertragstreue steht. Er ist gewaltbereit und nutzt die Gewalt zur Abschreckung, um sein Ansehen zu steigern oder die Konkurrenz einzuschüchtern. Mit großzügigen Gesten und „kostenlosen“ kleineren Gefälligkeiten erhöht er seine Reputation. Er tritt streng religiös auf und achtet auf den guten Ruf seiner weiblichen Familienangehörigen, insbesondere in sexueller Hinsicht. Er belügt die Mitglieder seiner Familie niemals und schweigt über die Mafia, koste es, was es wolle. Er ist elegant, pragmatisch und zurückhaltend. Die Mitgliedschaft in der Mafia gilt auf Lebenszeit. Bei Verstößen gegen den Ehrenkodex beziehungsweise Kämpfen der Familien untereinander ist die Rache blutig und unerbittlich.

Als Mafia oder „cosa nostra“ im eigentlichen Sinne kann streng genommen nur die sizilianische Mafia bezeichnet werden. Doch bildeten sich im armen, wirtschaftlich unterentwickelten Süditalien einige Ableger der Mafia heraus. In Neapel ist das die Camorra, in Kalabrien die besonders auch hierzulande ins Gerede gekommene Ndrangheta. Deren Name geht auf das Altgriechische „andragathos“ zurück, was so viel wie „mutiger Mann“ bedeutet. Die Existenz der Ndrangheta ist seit 1861 aktenkundig. Relativ jung ist die erst 1983 in Apulien entstandene Sacra Corona Unita.

In den USA agiert die Cosa Nostra, auch „The Syndicate“ genannt, deren Mitglieder sizilianischer Herkunft sind. Seit den Zwanzigerjahren des letzten Jahrhunderts stellte sie dort den Kern des organisierten Verbrechens mit so legendären Bossen wie Al Capone, Lucky Luciano oder Vito Genovese. Sie blühte während der Zeit der Prohibition mithilfe von Alkoholschmuggel auf und machte durch blutige Gemetzel zwischen den einzelnen Clans auf sich aufmerksam. So zum Beispiel mit dem Sankt-Valentins-Tag-Massaker von 1929, um das Billy Wilder 30 Jahre später die Filmlegende „Manche mögen's heiß“ herumgesponnen hat.

Es ist üblich geworden, auch andere kriminelle Vereinigungen als „Mafia“ zu bezeichnen, wenn sie nach ähnlichen Strukturen funktionieren wie die Namensgeberin. Das gilt für die japanische Yakuza wie für die chinesischen Triaden, das Cali-Kartell Kolumbiens, die Pruszkow-Mafia in Polen, die russische oder die türkische Mafia. Doch die Wurzeln der wahren Mafia verbergen sich in den altehrwürdigen Landgütern Siziliens.

Penne alla Norma – ein Rezept aus Sizilien

Zutaten für vier Personen:

500 g Penne-Nudeln
200 g Ricotta am Stück
(ersatzweise Parmesan)
1 kg Tomaten
1 Aubergine
1 kleine Zwiebel

2 Knoblauchzehen
1 Bd. Basilikum
2 Msp. Chilipulver
Olivenöl
Mehl
Salz und Pfeffer

Zubereitung:

Den Backofen auf 120°C vorheizen. Den Ricotta-Käse darin 10 Minuten backen, abkühlen lassen, reiben und beiseitestellen. Die Tomaten würfeln, die Zwiebel und die Knoblauchzehen häuten und fein würfeln, die Basilikumblättchen abzupfen und hacken. Etwas Olivenöl erhitzen und die Zwiebeln anbraten, Knoblauch, Chilipulver und Tomaten zugeben, salzen und pfeffern. Bei milder Hitze 20 Minuten köcheln lassen. Danach pürieren, das Basilikum einrühren und die Sauce zur Seite stellen. Die Aubergine längs in ca. ½ cm dicke Scheiben schneiden und in Mehl wälzen. Einen guten Schuss Olivenöl in eine Pfanne geben und erhitzen. Die Auberginenscheiben auf beiden Seiten goldbraun braten. Auf Küchenkrepp entfetten, mit Salz und Pfeffer würzen. Die Nudeln in Salzwasser bissfest kochen und in einem Sieb abtropfen lassen. Mit ¾ der Sauce und der Hälfte des Käses mischen. Eine Schicht Nudeln in eine Auflaufform geben und mit Auberginen belegen. Die übrigen Nudeln daraufschichten und mit den übrigen Auberginen bedecken. Mit dem restlichen Käse bestreuen und der verbliebenen Sauce bedecken. Bei 180°C im Backofen 40 Minuten überbacken, dann servieren.

Hollywood am Tiber – Cinecittà

Lange Winterabende laden dazu ein, alte Filmklassiker wie Cleopatra, Ben Hur oder den Rosaroten Panther noch einmal anzuschauen. Diese großen Produktionen stammen aus dem Hollywood Europas: Cinecittà – Stadt des Kinos.

Cinecittà liegt in einem südlichen Vorort von Rom, etwa neun Kilometer vom Zentrum entfernt. Hinter dicken Mauern, durch die nur ein abweisender und unscheinbarer Einlass führt, liegen gigantische Filmstudios, riesige Freiflächen mit Häuserfassaden, Plätzen und Monumenten aus Pappmaché sowie Hallen voller imposanter Kulissen. Sie erzählen von einer bewegten und glamourösen Geschichte, denn hier entstanden sowohl einige der beeindruckendsten Monumentalschinken als auch manche der anspruchsvollsten Klassiker der Filmgeschichte.

Im April 2017 feierte Cinecittà seinen 80. Geburtstag. Denn einst hoben Faschisten die Filmstadt aus der Taufe. Mussolini trachtete danach, ein Vorzeigeobjekt zu erschaffen, mit dem sich weltweit Eindruck schinden ließ und das Italien neben dem politischen Konkurrenten USA zu Glanz verhelfen würde. Ganz nebenbei sollte die komplette Produktion – vom Verfassen des Drehbuchs bis zum Vervielfältigen der Kopien – an einem einzigen Ort konzentriert werden, was dem Duce bessere Einfluss- und Kontrollmöglichkeiten sicherstellte. Cinecittà, das „Hollywood am Tiber“, wurde 1937 von ihm persönlich eingeweiht.

Die in den folgenden Jahren gedrehten seichten Kitschstreifen und Propagandafilme konnten jedoch nur magere Erfolge erzielen. Das Kriegsende brachte eine kurze Auszeit für Cinecittà, als nach dem Einmarsch der Amerikaner die Studios zum Flüchtlingslager umfunktioniert wurden. Doch schon kurze Zeit später drehten hier italienische Starregisseure wie Alessandro Blasetti, Luchino Visconti, Vittorio de Sica oder Roberto Rossellini. Damit begann die große Blütezeit der Cinecittà, die in den Fünfzigerjahren ihren Höhepunkt erreichen sollte.

Inspiriert sind die Werke dieser Zeit vom Geist der Stadt Rom, von ihrer einzigartigen Geschichte, ihrem pulsierenden Leben und unvergleichlichen Flair. Sie zog schließlich auch die amerikanischen Regisseure in ihren Bann. Und so entstand nun der Trend, Rom und seine Geschichte zum Star großer amerikanischer Kinowerke zu machen. Die Antike boomte auf der Leinwand, und um ihr möglichst viel Authentizität einzuhauchen, lag es nahe, die Filme dort zu drehen, wo sich ihre Zeugen zum Greifen nahe befanden und man ihr auf jedem Spaziergang ganz selbstverständlich begegnete. Daneben überzeugten die römischen Studios mit ihrer technischen Avantgarde sowie der Kreativität und dem Talent der dort tätigen Menschen. Darüber hinaus trumpften sie mit Produktionskosten auf, die gegenüber den USA deutlich geringer ausfielen. Denn die damals populären Monumentalfilme waren für Hollywood eigentlich viel zu teuer.

Endgültig auf Rom aufmerksam wurden die Amerikaner 1953 dank William Wyler, der in Cinecittà seinen zauberhaften Klassiker „Ein Herz und eine Krone" („Roman Holiday") mit Audrey Hepburn und Gregory Peck drehte und später, im Jahre 1959, noch die Filmlegende „Ben Hur" folgen ließ. In Cinecittà entstanden dafür bombastische Kulissen, die es erlaubten, die Zeit der Antike mit gewaltigen Bildern lebendig werden zu lassen. Diese boten sich natürlich dazu an, in der Zeit des ersten großen Booms der Sandalenfilme auch für weitere Werke genutzt zu werden. So entstanden in Cinecittà neben „Ben Hur" auch „Quo Vadis" und der Monumentalfilm „Cleopatra" mit Elizabeth Taylor und Richard Burton, der bis dahin teuerste Film aller Zeiten. Zwar floppte dieses Werk seinerzeit an der Kasse, letztendlich entwickelte es sich aber doch zu einem zeitlosen Erfolg.

Kein Weg führte mehr an Cinecittà vorbei, die großen Stars des amerikanischen Kinos gingen in diesen Jahren hier ein und aus. In den Drehpausen bevölkerten sie die römische Via Veneto sowie die Einkaufsstraße Via dei Condotti und belebten diese mit Glanz und Glamour. Das Nachtleben blühte auf, es entstanden edle und edelste Geschäfte, um die Konsumwünsche der illustren Gäste zu befriedigen. Die unvergleichliche Atmosphäre inspirierte auch einen jungen italienischen Filmschaffenden, der aus Rimini nach Rom kam, um seiner Berufung zu folgen: Frederico Fellini.

Zum Mythos Cinecittà sollte er in der Folgezeit ganz wesentlich beitragen. Seit der Filmlegende „La Dolce Vita", in der er die glamouröse Stimmung im Rom dieser Tage meisterhaft einfing, drehte er jeden seiner Filme hier. Die legendäre Szene, die Anita Ekberg im Trevibrunnen zeigt, entstand in einem Nachbau des Brunnens in Cinecittà. Fellini fühlte sich so eng mit Cinecittà verbunden, dass er dort sogar eine Wohnung bezog – mitten in der Filmstadt. In den Sechziger- und Siebzigerjahren feierte das italienische Autorenkino beachtliche Erfolge. Seine Stars Visconti, De Sica, Pasolini, Bertolucci, Zeffirelli, Antonioni und natürlich Fellini drehten ihre Meisterwerke in Cinecittà – wo sonst? Es entstanden „Roma", „Stadt der Frauen", „Der Tod in Venedig", „Satyricon",

„Mamma Roma" mit der legendären Anna Magnani und zahlreiche andere vielbeachtete Meisterwerke.

Neben diesen anspruchsvollen Filmen brachte Cinecittà ab den Sechzigerjahren aber noch einen weiteren Trend hervor: Der Italowestern wurde modern. Regisseur Sergio Leone stieg zu einem seiner ganz großen Stars auf. Mit Filmen wie „Spiel mir das Lied vom Tod" aus dem Jahr 1968 sorgte er für Furore. Seine Werke „Für ein paar Dollar mehr" oder „Zwei glorreiche Halunken" trugen den amerikanischen Schauspieler Clint Eastwood zu Ruhm. Sergio Leone ist es auch zuzuschreiben, später mit „Mein Name ist Nobody" den Übergang vom noch ernstzunehmenden Italowestern zum klamaukigen „Spaghettiwestern" geschaffen zu haben. Dazwischen liegen unzählige „Ringo"-, „Django"- und „Sabata"-Filme.

Und heute? Wurde noch 1986 „Der Name der Rose" teilweise in einem nachgebauten Kloster in Cinecittà gedreht, so schien spätestens seit den Neunzigerjahren der große Zauber endgültig verweht zu sein. Am Rand des Bankrotts wurde Cinecittà 1997 privatisiert. Investitionen von mehr als 25 Millionen Euro für aufwendige Modernisierungen führten dazu, dass die Filmstadt in neuerer Zeit wieder Projekte gewinnen konnte. So entstanden hier Sandalenfilme der zweiten Generation wie Mel Gibsons „Passion Christi" oder Ridley Scotts „Gladiator". Scorsese filmte hier seine „Gangs of New York". Doch werden die Studios heute in erster Linie für Fernsehshows genutzt, Halle 6 bewohnen die Insassen von „Big Brother".

Für die britisch-italienische Fernsehserie „Rom", die bis dato teuerste Fernsehproduktion aller Zeiten, wurden in Cinecittà mit enormem Aufwand die größten Kulissen der Filmgeschichte erstellt. Doch im August 2007 vernichtete sie ein verheerender Großbrand, fast so, als wäre die legendäre Szene aus „Quo Vadis" zu Leben erwacht, als Peter Ustinov in seiner

Rolle als wahnsinniger Nero ausruft: „Rom brennt!". Bei der historischen Feuerkatastrophe, die angeblich Kaiser Nero persönlich angestiftet hatte, brannte Rom neun Tage lang, und zehn von 14 Stadtteilen wurden vernichtet. Beinahe 2.000 Jahre später wütete das Feuer auf einer Fläche von fast 4.000 Quadratmetern in den römischen Kulissen, die Flammen schossen bis zu 40 Meter in die Höhe. Es gelang den Löschtrupps zwar, historische Kulissen aus Werken wie „Ben Hur" oder Fellinis „Schiff der Träume" vor den Flammen zu retten. Die Kulissen der Serie „Rom" aber, die als weltweit größtes Filmset galten, sind seitdem Geschichte. Der zweite Teil der fulminanten Serie war glücklicherweise schon abgedreht, weitere Teile sollte es nicht mehr geben.

Die Filmstudios sowie Fellinis frühere Wohnung können Besucher täglich im Rahmen von Führungen besichtigen. Bis heute entstanden in Cinecittà mehr als 3.000 Filme.

48 dieser Filme gelang es, mindestens einen Oscar zu gewinnen, 83 Filme erreichten Nominierungen. Ob es den Betreibern der Filmstadt gelingen wird, an die glanzvolle Vergangenheit anzuknüpfen, oder ob Glanz und Gloria ein für alle Mal dahin sind, wird die Zukunft zeigen.

Drei Cocktails aus der großen Zeit von Cinecittà:

Papagallo

Zutaten pro Glas:

3 cl Gin
3 cl Pfirsichlikör
1 cl Blue Curacao
1 cl frischer Zitronensaft
8 cl Ananassaft
1 Cocktailkirsche

Zubereitung:

Die Zutaten mit 5 Eiswürfeln im Shaker kräftig schütteln und in ein Longdrinkglas, in dem sich 3 Eiswürfel befinden, abseihen. Mit der Cocktailkirsche dekorieren.

Americano

Zutaten pro Glas:

2 cl Campari
3 cl Martini Rosso
10 cl Soda zum Auffüllen
1 Cocktailkirsche

Zubereitung:

Die Zutaten zusammen mit 3 Eiswürfeln in ein Longdrinkglas geben, mit Soda auffüllen, umrühren und die Cocktailkirsche dazugeben.

Bacio

Zutaten pro Glas:

9 cl Kirschsaft
5 cl Ananassaft
3 cl Zitronensaft
2 cl Kirschsirup
1 Cocktailkirsche

Zubereitung:

5 Eiswürfel in einen Shaker geben und die Zutaten hinzufügen. Kräftig schütteln und in ein Longdrinkglas mit 3 Eiswürfeln abseihen. Mit der Cocktailkirsche dekorieren.

Mord, Intrigen und Gerüchte – Lucrezia Borgia

Nebel zieht über das sumpfige Brachland der Poebene. Mit jedem Schritt scheint man tiefer zu sinken, ekelhaft hallen die klatschenden Geräusche der Schritte in den Ohren wider. Soweit das Auge reicht gibt es nichts als nutzloses Sumpfland. Wertlos, kein Vieh kann hier weiden, keine Ackerpflanze gedeihen. Inmitten dieser trostlosen Einöde steht eine zierliche und elegante Frau, begleitet von ihrem Gefolge, und schaut sich um. Sie ist Lucrezia Borgia, und sie hat wie immer eine gute Idee.

Wenige Frauen der Weltgeschichte haben Dichter und Geschichtenerzähler so inspiriert wie Lucrezia Borgia. Victor Hugo widmete ihr eine Tragödie, Gaetano Donizetti schuf daraus eine Oper, Christian Morgenstern schrieb ein Gedicht über sie und mindestens 20 Filme und Fernsehserien handeln von ihrem Leben.

Zahlreiche zeitgenössische Darstellungen belegen die außergewöhnliche Schönheit Lucrezia Borgias. In Überlieferungen wird sie als auffallend graziös beschrieben, mit schwebendem Gang und dichtem blondem Haar, das ihr bis zu den Knien reichte. Unter ihren langen Wimpern strahlten haselnussbraune Augen, deren Farbnuancen ständig changierten, und sie besaß eine schlanke Gestalt mit hohem Busen und natürlicher Anmut. So entsprach Lucrezia voll und ganz dem Schönheitsideal der Renaissance.

Aber sie entstammte einer bedeutenden Familie und stieg zu einer sehr mächtigen Frau auf. Solche Frauen betrachteten die männlich geprägten Gesellschaften vergangener Zeiten stets mit Argusaugen. Die Fantasie gibt sich zu gerne der Vorstellung von einer schönen Hexe hin, einer Giftmischerin, Intrigantin oder Nymphomanin. Und deshalb avancierte Lucrezia Borgia im Laufe der Jahrhunderte zum Inbegriff einer skrupellosen, machthungrigen Femme fatale, die stets einen Giftring am Finger trug, um sich eventueller Widersacher rasch entledigen zu können, und die an ihrem Hof wilde Orgien feierte. Nichts von all den üblen Geschichten, die über sie erfunden wurden, entspricht der Wahrheit, und es ist an der Zeit, den Ruf dieser Frau wiederherzustellen. Einer Frau, die wirklich bemerkenswerte Leistungen vollbrachte.

Lucrezia wurde als nicht eheliche Tochter des spanischen Kardinals Rodrigo Borgia am 18. April 1480 in Subacio geboren, einer zu Rom gehörenden Gemeinde. Ihr Vater unterhielt über viele Jahre ein inniges Verhältnis zu ihrer Mutter, der Römerin Vanozza de' Cattanei. Zusammen bekamen sie außer Lucrezia noch drei Söhne. Dem Vater erschien es wichtig, Lucrezia gut zu verheiraten, und so arrangierte er schon für die Elfjährige eine Ehe mit einem spanischen Adeligen, die allerdings zunächst nur auf dem Papier bestand. Als Rodrigo im darauffolgenden Jahr zum Papst ernannt wurde – er führte fortan den Namen Alexander VI. – erschien ihm diese Ehe allerdings nicht mehr opportun, er löste sie kurzerhand auf und vermählte Lucrezia aus machtpolitischen Erwägungen mit dem Mailänder Giovanni Sforza.

Zwar war es in jenen Tagen nicht ungewöhnlich, dass Päpste Kinder hatten. Doch Alexander zeugte seine Kinder erst nach seiner Amtsberufung zum Kardinal, was angesichts seiner späteren Position als Papst nach den Regeln der Kirche einen ziemlichen Skandal darstellte. Trotzdem bekannte sich Alexander öffentlich zu seinen vier Kindern und setzte sie wohlüberlegt für seine Ränkeschmiede ein.

Und so kam es, dass er auch Giovanni Sforza eines Tages nicht mehr für den richtigen Schwiegersohn hielt. Monatelang führte er Verhandlungen, um Sforza zur Einwilligung in eine Annullierung der Ehe zu bewegen. Als Sforza sich noch immer unnachgiebig zeigte, erklärte Alexander dessen Verbindung zu seiner Tochter einfach für null und nichtig und ließ als Begründung verlautbaren, Sforza sei impotent und habe daher die Ehe mit Lucrezia nie vollziehen können. Hierüber empörte sich Sforza aufs Äußerste – was nachvollziehbar ist, denn nun stand er in aller Öffentlichkeit bloßgestellt da. Aus Rache setzte er der einen Infamie die andere entgegen und verbreitete, dass Alexander und seine Söhne Inzest mit Lucrezia betrieben. Um diesem lasterhaften Verhalten weiterhin ungehindert frönen zu können, habe Alexander die Ehe annulliert. Damit legte Sforza wohl den Grundstein für all die bösen Verleumdungen, die sich fortan um Lucrezia ranken sollten.

So geht das Gerücht, Lucrezia habe in den Monaten, in denen ihr Vater sich um die Annullierung der Ehe bemühte, einen Liebhaber gehabt. Denn sie erwartete offenbar ein Kind, als ihre Ehe wegen des angeblich nie stattgefundenen Vollzugs annulliert wurde. Und das stellte ja nun ganz offensichtlich einen Widerspruch dar.

Perotto, der Bote des Papstes, bekannte sich zur Vaterschaft, doch ließ sich der Verdacht, Lucrezias Bruder Cesare sei der Vater, nie ganz beseitigen. Es heißt, Lucrezia habe während der Schwangerschaft Rom verlassen und das Kind, einen Jungen, der den Namen Giovanni erhielt, heimlich in einem Konvent entbunden. Zwei päpstliche Bullen ergingen wegen dieses Kindes, eine davon besagte, Giovanni sei der Sohn Caesares aus einer heimlichen Affäre, die andere bezeichnete im Gegensatz dazu den kleinen Giovanni als Sohn Alexanders. Es gibt keinerlei Beweise für die Mutterschaft Lucrezias, und von welchem Vater Giovanni wirklich abstammte, wird wohl für immer im Dunkeln bleiben. Doch feststeht, dass er der Familie Borgia angehörte, er wurde Herzog von Camerino und lebte später offiziell als Halbbruder Lucrezias an deren Hof in Ferrara.

Lucrezias privates Glück entwickelte sich zunächst weiterhin wenig erbaulich. Ihr Vater beschloss nach Annullierung der Verbindung mit Sforza eine weitere Ehe für sie und vermählte sie kurzerhand mit Alfonso, Herzog von Bisceglie und Prinz von Salerno, einem nicht ehelichen Sohn des Königs von Neapel. Obwohl es sich um eine arrangierte Ehe handelte, scheint sich das Paar tatsächlich geliebt zu haben. Sie bekamen einen Sohn, der jedoch nur zwölf Jahre alt wurde. Und Lucrezias Vater überlegte es sich wieder einmal anders. Er verbündete sich mit dem französischen König, einem eingeschworenen Feind Alfonsos.

Alfonso wurde auf offener Straße überfallen und niedergestochen, überlebte aber schwer verletzt. Natürlich lag es auf der Hand, dass er seinen Schwiegervater als Anstifter dieses Überfalls verdächtigte. Dessen Sohn Cesare, Lucrezias Bruder, sei der Täter gewesen, so vermutete Alfonso. Denn das Verhältnis zu seinem Schwager war nie besonders gut gewesen, der eitle Cesare, den nach einer Syphilisinfektion hässliche Narben im Gesicht entstellen, hasste den gut aussehenden Alfonso. Zudem verspürte Cesare wohl ziemliche Eifersucht, denn das Verhältnis zu seiner Schwester galt als besonders innig und herzlich. Lange Rede, kurzer Sinn, Alfonso veranlasste nach dem Überfall seine Männer, mit Pfeilen auf Cesare zu schießen. Dieser ließ ihn daraufhin erwürgen. Und vorbei war das Eheglück.

All diese Tragödien hatte Lucrezia miterleben müssen, dabei zählte sie erst 21 Jahre. Höchste Zeit, dass sich ihr Glück wendete, und das tat es endlich durch ihre Eheschließung mit dem vier Jahre älteren Alfonso I. d'Este, dem Herzog von Ferrara, Modena und Reggio. Gemeinsam residierte das Paar am Hof von Ferrara, den Lucrezia zu einem der bedeutendsten und glanzvollsten Kulturzentren ihrer Zeit machte.

Als gebildete Frau umgab sie sich nämlich gerne mit herausragenden Denkern und Künstlern. Zu diesem Kreis gehörten Schriftsteller wie Pietro Bembo oder Ludovico Ariosto, Autor eines der größten Epen der Renaissance, „Orlando Furioso". Dazu gesellten sich Humanisten wie die Dichter Gian Giorgio Trissino und Ercole Strozzi sowie der junge, aufstrebende Maler Tizian. Lucrezia bildete den strahlenden Mittelpunkt dieser Gesellschaft, sie wurde als charmant, hochintelligent, kunstsinnig, lebenslustig und optimistisch geschildert. Ihr Sinn fürs Geschäftliche und ihr diplomatisches Geschick halfen ihr dabei, ihr ohnehin schon beachtliches Vermögen durch kluge Spekulationen noch weiter zu mehren.

Während der 18-jährigen Blütezeit des Hofs von Ferrara pflegten beide, Alfonso und Lucrezia, mehrere außereheliche Beziehungen, wovon erhalten gebliebene Briefe zeugen. Lucrezia gebar noch acht Kinder und erlitt einige Fehlgeburten. Die Geburt ihrer letzten Tochter im Juni 1519 wurde ihr zum Verhängnis, sie starb wenige Stunden danach im Alter von nur 39 Jahren. Auch das Kind überlebte nicht lange. Dennoch findet sich Lucrezia Borgia in der Ahnentafel fast aller europäischen Königsfamilien, sie ist Vorfahrin von P.G.T. Beauregard, einem General im amerikanischen Bürgerkrieg, und von der Schauspielerin Brooke Shields.

Doch kehren wir zurück in das Sumpfland der Poebene, das wir am Anfang unserer Geschichte betrachtet haben. Die zündende Idee der Fürstin sah vor, das Land durch geschickt angelegte Gräben und Kanäle trockenzulegen. Und so erwarb Lucrezia Borgia 20.000 Hektar des scheinbar wertlosen Grunds für kleines Geld, ließ Gräben ziehen und nutzte diese Ländereien zum Anbau von Getreide, Flachs, Bohnen und Wein, den Rest als Weidegrund. Auf diese Art erwirtschaftete sie riesige Gewinne. Die schöne Lucrezia hatte sich einmal mehr als clevere Geschäftsfrau erwiesen.

Arancini su insalata di mais – Reisbällchen auf Feldsalat

Zutaten für 4 Personen:

300 g Reis
500 ml Gemüsebrühe
100 g geriebener Parmesan
200 g Büffelmozzarella
100 g Rinderhackfleisch
150 g passierte Tomaten
100 g Erbsen
2 Eier
250 g Feldsalat
2 Zwiebeln
2 Knoblauchzehen
10 Blättchen Basilikum
50 g Butter
½ El Zucker
Paniermehl
reichlich Olivenöl zum Ausbacken
Himbeeressig
Traubenkernöl
Salz und Pfeffer

Zubereitung:

Die Zwiebeln schälen und würfeln, die Knoblauchzehen häuten und fein hacken, die Basilikumblättchen ebenfalls hacken.

Die Butter in einer Pfanne zerlassen und die Zwiebeln darin glasig andünsten. Den Reis hinzugeben und kurz mitbraten. Mit der Brühe ablöschen, aufkochen und 30 Minuten bei milder Hitze abgedeckt köcheln lassen, bis die Flüssigkeit vom Reis absorbiert ist. Vom Herd nehmen und die Hälfte des Mozzarellas, zwischen den Fingern zerbröselt, hinzugeben und so lange rühren, bis der Mozzarella geschmolzen ist.

In einer weiteren Pfanne etwas Olivenöl erhitzen und das Hackfleisch darin scharf anbraten. Nun die passierten Tomaten, ¼ Liter Wasser und die Erbsen unterrühren. Mit Salz, Pfeffer und Zucker abschmecken, Knoblauch und Basilikum unterrühren.

Den restlichen Mozzarella klein schneiden. Den Reis zu etwa tischtennisballgroßen Bällchen formen. Jeweils ein Loch hineindrücken und etwas Hackfleischmischung sowie Mozzarella einfüllen. Das Loch verschließen. Die Eier in einem Schälchen verquirlen, das Paniermehl in ein weiteres Schälchen füllen und die Bällchen zunächst in Ei, dann in Paniermehl wenden. In reichlich heißem Olivenöl in einer hohen Pfanne ca. 8 Minuten ringsum ausbacken, bis die Bällchen kross sind.

Aus Himbeeressig und Traubenkernöl die Salatsauce mischen, mit Salz und Pfeffer abschmecken. Den geputzten, gewaschenen und trocken geschleuderten Feldsalat untermischen und portionsweise auf flachen Tellern anrichten. Die Arancini darauflegen, mit Weißbrot servieren.

Tempel zwischen Gräsern und Wind – Paestum

Nun will ich Sie in eine Welt entführen, wo der Zauber der Vergangenheit erwacht. Das Ziel unserer Reise heißt Paestum. Hier, in der wildromantischen, unter Naturschutz stehenden Landschaft des Cilento, ruhen die stummen Zeugen einstiger Größe.

Vor 2.600 Jahren beherrschten die Griechen den Mittelmeerraum. Auf ihren Eroberungszügen drangen sie bis nach Italien vor und gründeten am Golf von Tarent mit Sybaris eine bedeutende Siedlung, die für ihren Wohlstand und ihren schwelgerischen Lebensstil bekannt war. Die Bewohner dieser Stadt legten um das Jahr 600 v. Chr. auf der westlichen Seite der Apenninhalbinsel eine Kolonie an. Diese befand sich in der weiten Bucht vor der Mündung des Flusses Sele südlich der heutigen Stadt Salerno. Zu Ehren des Meeresgottes tauften die Griechen ihre neue Siedlung auf den Namen Poseidonia.

Wegen ihrer günstigen geografischen Lage entwickelte sich die Kolonie Poseidonia sehr schnell, denn bedeutende Handelswege kreuzten sich hier. Ihren so errungenen Reichtum setzten die Bewohner standesbewusst um: Sie bauten drei gewaltige, prächtig geschmückte Tempel. Dieses spirituelle Zentrum verhalf der Stadt schon bald zu großem Ruhm, und es verbreitete sich die Legende, dass sie einst von Jason und den Argonauten gegründet worden sei.

Als Rom zur Großmacht aufstieg, verbündeten sich die Bewohner Poseidonias mit den neuen Herren und nannten ihre Stadt von nun an Paestum. Sie verpflichteten sich, Rom bei Gefahr mit Schiffen und Marinesoldaten beizustehen, was sie zum Beispiel im Kampf gegen Hannibal auch taten. Im Gegenzug erhielten sie das Münzrecht und wichtige Handelsprivilegien. Für eine gewisse Zeit dauerte die Blüte Paestums an. Es entstanden viele neue Gebäude, ein Forum mit herrlichem Säulengang, großzügige Thermen, ein Amphitheater, ein Friedenstempel sowie ein Gymnasium zur körperlichen und intellektuellen Ertüchtigung der männlichen Jugend.

Doch dann setzte der Wandel ein. Der stets auf Expansion bedachte Schiffsbau hatte in der Region von Paestum zur Rodung der großen Wälder geführt, wodurch der Fluss Sele, seine Nebenflüsse und die kleineren Gewässer in der Ebene von Paestum immer öfter über ihre Ufer traten. So verwandelte sich die Umgebung der Stadt allmählich in eine Sumpflandschaft. Hier jedoch fanden Mücken beste Bedingungen, und damit breitete sich die Malaria aus, was viele Bewohner in die Flucht trieb. Erschwerend kam hinzu, dass Rom den Handel mit dem Orient forcierte, was die Bedeutung der Handelsstädte auf der adriatischen Seite des italienischen Stiefels stärkte. Paestum verlor den Anschluss an die großen Handelswege. Ab dem 8. Jahrhundert n. Chr. mehrten sich zudem die vernichtenden Angriffe der Sarazenen, später kam noch ein verheerender Überfall durch die Normannen hinzu. All das führte schließlich dazu, dass Paestum aufgegeben wurde. Die steinernen Zeugen einstiger Größe lagen verödet in der Sumpfebene und gerieten in Vergessenheit. Jahrhundertelang sprach niemand mehr von Paestum, obwohl seine mächtigen Tempel noch immer aus der dichten Vegetation emporragten und auch vom Meer aus von vorbeifahrenden Schiffsreisenden gesehen werden konnten. Aus der einst blühenden Stadt entwickelte sich ein verwunschener Urwald.

Erst Jahrhunderte später wurde die Stadt von Bourbonen wiederentdeckt, als sie um 1750 eine Straße durch das Gebiet bauten und auf die Ruinen stießen. Die bedeutenden Schriftsteller und Dichter der Zeit trugen zum neuen Ruhm Paestums bei, indem sie die Stadt in ihren Schriften schilderten, unter ihnen Goethe, Shelley, Canova und Piranesi. Für die bildungsbeflissene Elite avancierte der Besuch der Tempelruinen von Paestum in der malerischen Wildnis zum Pflichtprogramm. Er gehörte zu den Stationen der sogenannten Grand Tour, der obligatorischen Bildungsreise für die Söhne des europäischen Adels.

Der dorische Stil der Tempel Paestums beeinflusste die gesamte neoklassizistische Architektur in Europa wie auch in Amerika. Doch noch bis 1950 blieben die meisten Gebäude der Ruinenstadt unentdeckt, verborgen unter dem undurchdringbaren Gestrüpp der Sumpflandschaft.

Heute hingegen ist die Ebene am lichterfüllten Golf von Salerno weitgehend trockengelegt. Sie ist die Heimat des Mozzarella di Bufala, des Büffelmozzarellas, überall auf den Wiesen grasen die Wasserbüffel, aus deren Milch diese Käsespezialität hergestellt wird. Die Tiere wurden ursprünglich in die Region eingeführt, weil sie als einzige mit den Lebensbedingungen im Sumpf zurechtkamen.

Gleich hinter den kilometerlangen Sandstränden des Cilento erwartet die Besucher ein einzigartiges archäologisches Ausflugsziel. Denn inzwischen sind die imposanten Ruinen von Paestum freigelegt. Die Mauern und Tempel gehören zu den am besten erhaltenen Zeugen aus griechisch-römischer Zeit, die es noch gibt. Einlass durch die fünf Kilometer langen Stadtmauern, 15 Meter hoch und zwischen fünf und sieben

Meter breit, gewähren vier Tore, jeweils nach den Himmelsrichtungen ausgerichtet. Die kolossale Befestigungsanlage zeugt von der ehemaligen Größe der Stadt.

Hinter diesen Mauern eröffnet sich eine andere Welt. In der stillen Landschaft schreitet man über die gepflasterte Via Sacra. An ihren Seiten liegen die Reste vieler Wohnhäuser, öffentlicher Bäder und kleiner Läden, unbekannter Tempel und des Forums, vornehmer Villen und des Amphitheaters. Zwischen Pinien, Zypressen und Gräsern erreicht man schließlich die drei stummen Giganten, während vom nahen Meer eine sanfte Brise herüberweht und die Szenerie umspielt: Monumental erheben sich die herrlichen dorischen Tempel aus der Ebene.

Die sogenannte „Basilika" ist der älteste Tempel der Gruppe und wurde um 550 v. Chr. erbaut. Sie war der Göttin Hera gewidmet. Von Osten nach Westen ausgerichtet, besaß dieser Tempel dereinst eine reiche Verzierung. Das bezeugen Reste von Statuen und Reliefs, die heute im Museum von Paestum zu sehen sind. Der Name Basilika ist jedoch auf einen Irrtum aus dem 18. Jahrhundert zurückzuführen, als fälschlicherweise vermutet wurde, dieser Tempel sei einst ein öffentliches Gebäude gewesen.

Auch der gut erhaltene sogenannte „Poseidontempel", etwa 100 Jahre jünger als die Basilika, diente wohl einst als Heiligtum der Göttin Hera, manchen neueren Theorien zufolge aber vielleicht auch Apollon oder Zeus. Die Säulen an seiner Vorder- und Hinterfront tragen noch immer ihren griechischen Giebel. Mit etwas Fantasie kann man sich die ehemals auf der doppelten Säulenreihe aufliegende hölzerne Dachkonstruktion vorstellen, die mit Tonziegeln bedeckt war. Sie umschloss einen hohen, dunklen Raum, den Fackeln ausleuchteten. Der eigentliche Altar befand sich außerhalb des Tempels, dessen Betreten ausschließlich der Priesterschaft vorbehalten blieb.

Der Poseidontempel gilt als der besterhaltene und schönste dorische Tempel außerhalb Griechenlands.

Um das Jahr 500 v. Chr. wurde schließlich der Tempel der Athena an der höchsten Stelle errichtet. An seiner West- und Ostseite sind die Reste des besonders hohen Giebels zu sehen, eine Eigenheit, die kein anderer griechischer Tempel aufweist. Noch in der Antike wurden Teile dieses Tempels zur christlichen Kirche umfunktioniert und als solche bis ins 9. Jahrhundert hinein genutzt.

Paestum ist zwar mittlerweile bekannt und wird auch viel besucht. Dennoch findet man in den weitläufigen Ausgrabungsstätten hinlänglich Gelegenheit, die Spuren der Vergangenheit in Ruhe auf sich wirken zu lassen. Denn vom großen Gedränge, das in berühmten Ausgrabungsstätten wie Pompeji herrscht, ist Paestum bisher weitgehend verschont geblieben. Und so genießt man hier in beschaulicher Stille das Wechselspiel der Lichter und Farben zwischen den imposanten Tempeln, den Bergen des Cilento und dem weiten Horizont des Meeres in der Ferne.

Mozzarella in carrozza – „Käse in der Kutsche“

Zutaten für 4 Personen:

8 Scheiben Toastbrot
2 Kugeln Büffelmozzarella
200 ml Milch
4 Scheiben Parmaschinken
3 Eier
12 Basilikumblättchen
ein Rosmarinzweig
Mehl
Olivenöl
4 Knoblauchzehen
Salz
Pfeffer

Zubereitung:

Das Toastbrot entrinden, den Mozzarella in Scheiben schneiden, salzen und pfeffern. Jeweils 1 Scheibe Parmaschinken, ¼ des Mozzarellas und 3 Basilikumblättchen auf eine Brotscheibe legen, dabei die Ränder freilassen. Die zweite Toastscheibe oben auflegen.

Die Rosmarinnadeln abzupfen, fein hacken und mit der Milch vermischen. Die Brote darin wenden, dabei die Ränder zusammendrücken. Danach die Brote ringsum mit Mehl bestäuben. Die Eier verquirlen, leicht salzen und die Brote darin wälzen.

Die Knoblauchzehen häuten und halbieren. Einen guten Schuss Olivenöl in einer Pfanne erhitzen und die Knoblauchzehen dazugeben. Die Brote hineinlegen und von beiden Seiten knusprig ausbacken.

Auf Küchenpapier abtropfen lassen, sofort servieren.

Oper unter Sternen – die Arena di Verona

Nur etwa 20 Kilometer vom Südostufer des Gardasees entfernt liegt das romantische Verona. Wir kennen es schon als die Stadt von Romeo und Julia, doch darüber hinaus ist es auch die Stadt der großen Oper.

Gegen Ende der Regierungszeit des Kaisers Augustus entstand hier im ersten Jahrhundert das nach dem Kolosseum von Rom zweitgrößte Amphitheater: die Arena von Verona. Ursprünglich befand sie sich außerhalb der Stadtmauern. Erst als Barbaren die Stadt im 3. Jahrhundert immer stärker bedrohten, wurde die Arena von einer neu errichteten Stadtbefestigung umschlossen. Die Überreste dieser Befestigung sind noch heute auf der Piazzetta Mura Gallieno zu sehen. Die Arena hat einen ellipsenförmigen Grundriss, der in Höhe der beiden Tore eine Länge von knapp 140 Metern aufweist. Das Oval im Inneren, einst Kampfplatz der Gladiatoren, misst in seinen beiden Achsen rund 75 beziehungsweise 45 Meter. Die „cavea", der sich an den Seiten hochziehende Zuschauerraum, wird von 45 Reihen aus jeweils 45 Zentimeter hohen Steinstufen gebildet. Diese Stufenreihen bieten Raum für 22.000 Menschen, im inneren Oval können noch einmal 3.000 Menschen Platz nehmen.

Noch bis ins 10. Jahrhundert hinein blieb die Arena fast vollständig erhalten. Erst ein Erdbeben im 11. Jahrhundert brachte ihre Außenmauer zum Einsturz. Bis heute steht noch die „Ala“, ein Flügel der Außenmauer aus fünf Pilastern und Arkaden, der eine Vorstellung vom ursprünglichen Ausmaß des Bauwerks vermittelt.

Seit dem 12. Jahrhundert setzte sich die Bevölkerung Veronas für den Erhalt der Arena ein. So kommt es, dass sie nicht wie zum Beispiel das Kolosseum in Rom als Steinbruch genutzt, sondern durch die Jahrhunderte stets geschützt und gepflegt wurde. Heute gilt die Arena di Verona deshalb als das besterhaltene Amphitheater aus römischer Zeit.

In ihrer bewegten Geschichte wurde sie Zeugin manch blutigen Gemetzels. Diente sie zunächst in römischer Zeit als Plattform für zahlreiche Gladiatorenkämpfe, an welche die Aufzeichnungen Plinius des Jüngeren erinnern, so wurde sie in späteren Jahrhunderten Schauplatz der unterschiedlichsten Veranstaltungen: Turniere, Kampfspiele (beispielsweise zu Ehren eines bayerischen Kurprinzen), Duelle, Stierkämpfe (zu deren Zuschauern im Jahr 1805 Napoleon gehörte), Ballett-, Zirkus und Theatervorstellungen.

Anlässlich des 100. Geburtstages von Giuseppe Verdi fand am 10. August 1913 erstmals eine Opernaufführung in der Arena statt. Dirigent Tullio Serafin, Tenor Giovanni Zenatello und Impressario Ottone Rovato hatten gemeinsam einen Ort gesucht, an dem sie mit einer Aufführung der Aida den Geburtstag des populären Komponisten gebührend feiern konnten.

Nur die Größe der Arena erschien ihnen der Bedeutung des Maestros angemessen. Begeistert nahm Veronas Bevölkerung die Idee auf, einzig der Stadtrat war dagegen und protestierte vehement gegen die Entweihung des Monuments durch solch ein profanes Musikspiel. Ganz, als ob die blutige Geschichte das Bauwerk in einen heiligen Zustand versetzt hätte.

Zum Glück für Verdi, Verona und die Opernfans dieser Welt konnten die Gegner des Projektes jedoch umgestimmt werden. Als Fachleute bei den Vorbereitungen zu dem Ereignis die Akustik in der Arena überprüften, stellten sie zu ihrer Überraschung fest, dass sich die Klänge keinesfalls wie befürchtet im Raum verloren, sondern harmonisch flossen, ganz so, als befände man sich in einem geschlossenen Theater.

Und endlich kam der große Moment: Aus allen Richtungen strömten die Zuschauer herbei, ganz wie zur Zeit der Gladiatorenkämpfe. Doch anders als damals kamen nun auch Zuschauer mit Sonderzügen aus Paris und Sankt Petersburg, sogar aus Tiflis im fernen Georgien.

Im Innenraum der Arena wurden für die hohen Gäste gepolsterte Stühle aufgestellt. Stolze 15 Lire mussten für solch einen Platz berappt werden. Das gemeine Volk nahm wie in alten Zeiten auf den harten Steinstufen Platz und musste dafür immerhin noch eine Lira bezahlen, zu dieser Zeit der Preis einer anständigen Mahlzeit.

Als sich der nachtblaue Himmel über der Arena wölbte, erklangen die ersten Töne der Ouvertüre. Und die Zuhörer schmolzen dahin. Die Menge überschlug sich schließlich vor Begeisterung, als 20 als Sklaven verkleidete Statisten den Feldherrn Radamès zu den Klängen des berühmten Triumphmarschs hereintrugen, begleitet von 30 Reitern und sage und schreibe 800 Sängern. Die spektakuläre Aufführung kommentierte später ein Zeitgenosse mit den Worten: „Das Außerordentliche war die Begegnung zwischen der Arena und ihrem Publikum."

Und das ist es, was das Besondere an den Opernaufführungen in der Arena di Verona bis zum heutigen Tage ausmacht. Die Zuschauer werden zu Komparsen, sie nehmen teil an einem Geschehen von gigantischen Ausmaßen.

Heute finden die großen Opernaufführungen von Mitte Juni bis Ende August statt. Während sich die Zuschauertribünen von selbst füllen, ist es mit der Bühne ungleich schwieriger. Die aberwitzigen Dimensionen – von der Bühnenrampe bis zu den ersten Sitzen sind es 50 Meter – haben schon so manche Sänger, Dirigenten und Regisseure in die Verzweiflung getrieben. Ein Chor von 30 Sängern mag in einem Stadttheater üppig erscheinen, auf der 1.500 Quadratmeter großen Bühne der Arena wirkt er lächerlich. Der Chor von Verona wurde deshalb auf 180 Personen aufgestockt. Zusammen mit den ungezählten Statisten, den Reitern und den zahlreichen mitagierenden Tieren bedarf es schon der Qualitäten eines Monumentalfilm-Regisseurs, um die Bühne mit geordnetem Leben zu füllen.

Noch heute sitzen die feinen Gäste auf gepolsterten Plätzen im Innenraum oder gar auf dem Balkon über dem Eingangstor, auf dem zu römischer Zeit der Statthalter Platz nahm und der heute dem Bürgermeister von Verona und seinen Gästen vorbehalten ist. Die weniger betuchten Opernbesucher verfolgen das Geschehen nach wie vor von den Steinstufen aus. Hier, in der „Seconda Gradinata", auf den „billigen Plätzen", ist die Stimmung am ausgelassensten.

Wer eine Karte für die Seconda Gradinata erworben hat, der sollte sich beizeiten vor Vorstellungsbeginn anstellen, um noch einen annehmbaren Platz zu ergattern. Die Schlange vor dem Eingang wird derweil lang und länger, denn geöffnet wird zuweilen erst eine Stunde vor Aufführungsbeginn. Schnell füllen sich dann die Ränge, dicht gedrängt stehen und sitzen die Menschen, so dass man, wenn man später kommt, nur noch ganz oben und an den äußersten Seiten eine Lücke findet, wo die Akustik miserabel ist.

Auf den preiswerten Rängen ist Opernkleidung unangemessen, stattdessen sollte man möglichst bequeme Kleidung tragen und ein Sitzkissen mitbringen. Die Steine sind hart und die Zuschauer auf der hinteren Stufe stellen zudem ihre Füße darauf. Weil der Abend lang ist, rüsteten sich bis vor einigen Jahren viele Gäste mit einem Picknickkorb aus. Aus Sicherheitsgründen ist das aber inzwischen verboten.

Da sich in der Regel mehr Neugierige als wirklich Opernbegeisterte auf die Steinstufen verirren, überlagern hier viele Geräusche die Klänge von der Bühne, die weit, weit in der Ferne liegt. Da wird munter geschwatzt und gekichert. Und sollte sich ein Regentropfen in die Arena verirren, dann rascheln für die nächsten Minuten überall die eilends herausgekramten Regencapes. Wer einen wirklich genussvollen Opernabend in der einmaligen Atmosphäre unter freiem Himmel erleben möchte, sollte daher etwas mehr für seine Karten ausgeben und einen Platz im Innenraum buchen.

Dann wird der Besuch zu einem einzigartigen Erlebnis. Die prachtvollen Kostüme, die gigantische Kulisse, Chor, Sänger und Orchester bieten ein unvergleichliches Spektakel. Wenn es schließlich dunkel geworden ist, werden überall in dem riesigen Halbrund mitgebrachte Kerzen entzündet, und tausend Lichter glitzern in der Nacht – ein grandioser Anblick.

Sollte es ein Gewitter geben, so wird die Aufführung unterbrochen. Wenn der Regen nachlässt, geht es wieder weiter, und so kann sich eine Aufführung leicht die halbe Nacht hindurch hinziehen. Sollte es anhaltend regnen, wird die Aufführung ersatzlos abgebrochen. Auf diese Weise habe ich die Carmen schon einmal überleben sehen.

Wenn spät in der Nacht die Zuschauer aus der Arena strömen, kehrt hier noch lange keine Ruhe ein. Mit großem Getöse werden die Kulissen abgebaut und die Dekorationen für den nächsten Abend herangeschafft. L'opera deve continuare – die Oper muss weitergehen.

Grano Dolce – ein Dessert mit Granatapfelkernen

Zutaten für 4 Personen:

1 Granatapfel
die abgeriebene Schale einer halben unbehandelten Zitrone
60 g Walnüsse
100 g Hartweizengrieß
125 ml Vin Santo (toskanischer Likörwein, alternativ ein anderer Süßwein)
2 El Grenadinesirup
60 g gehobelte Zartbitterschokolade

Zubereitung:

Den Weizengrieß ca. ½ Stunde in kaltem Wasser einweichen, danach gut ausdrücken. Die Walnüsse klein hacken und in einer Pfanne ohne Fett rösten, bis sie duften. Den Granatapfel entlang der Krone einschneiden, die Krone abnehmen, den Granatapfel aufbrechen und die Kerne entnehmen.

Die Kerne zusammen mit den Walnüssen, dem Sirup, dem Wein und der Zitronenschale gut unter den Weizengrieß mischen.

Im Kühlschrank mindestens zwei Stunden durchziehen lassen. Dann auf vier Portionsschalen verteilen und mit der Schokolade überstreuen.

Die Wiederentdeckung der Schönheit – der Humanismus der Renaissance

Nun geht es um nichts Geringeres als um die Veränderung der Welt. Sie geschah durch das Erwachen einer geistigen Strömung, die in Italien ihren Anfang nahm und von dort aus ganz Europa beeinflusste, prägte und maßgeblich wandelte: die Idee des Humanismus.

Das philosophische Weltbild des Humanismus ist der wichtigste Motor einer bedeutenden Epoche, der Renaissance. Viele Menschen verspürten im Laufe der ersten Hälfte des 14. Jahrhunderts den Wunsch, sich von der geistigen Starre der vorherigen Jahrhunderte abzugrenzen und neue Wege zu gehen. Die Renaissance wurde damit zur Geburtsstunde der Neuzeit und zog einen Schlussstrich unter das Mittelalter. Stattdessen blickten die großen Denker dieser Zeit weiter zurück und entdeckten die Ideale der Antike. Aus diesem Grund heißt ihre Epoche auch „Renaissance" – Wiedergeburt. Erst im aufkommenden Barock des 16. Jahrhunderts sollte die Renaissance zu Ende gehen, nachdem ihre Errungenschaften längst zur Selbstverständlichkeit geworden waren.

Der erste Humanist, der sich bereits Mitte des 14. Jahrhunderts scharf gegen die scholastische Denkweise seiner mittelalterlich geprägten Zeit stellte, war der Schriftsteller Francesco Petrarca, der den Beginn eines neuen Zeitalters ersehnte. Die komplizierten Gedankengespinste und die düstere Metaphysik, die sich unter den Denkern des Spätmittelalters großer Beliebtheit erfreuten, lehnte Petrarca zugunsten einer radikalen Besinnung auf die reine Tugendlehre ab. In diesem Zusammenhang kannte seine Bewunderung für den römischen Staatsmann und Denker Cicero keine Grenzen.

Das Konzept der Humanität – lateinisch „humanitas", die Menschlichkeit – findet seine Wurzeln in den Gedanken des Cicero, der betonte, dass der Mensch sich vom Tier im Wesentlichen durch die Sprache unterscheide. Diese Fähigkeit mache es ihm möglich, mit anderen Menschen zu kommunizieren und durch Kultivierung und Weiterentwicklung seiner Kommunikation ein immer höheres Niveau zu erreichen. Dieses könne ihn moralisch erheben und erreiche seinen vornehmsten Gipfelpunkt in der Philosophie.

Davon ausgehend betrachteten die Humanisten der Renaissance die Fähigkeit zur kultivierten Sprache als mindeste Bedingung, um einer von ihnen zu sein. Und weil sie sich auf die Antike zurückbesannen, musste diese Sprache natürlich das Lateinische sein. Wer ein elegantes, fehlerfreies Latein in schriftlicher und mündlicher Form nicht beherrschte, galt als Barbar. Schon deshalb disqualifizierte sich das Mittelalter mit seinem eigenwilligen Latein in den Augen der Humanisten, sie akzeptierten ausschließlich das klassische Latein der antiken Denker. Die starke Fixierung auf die alten Texte brachte es mit sich, dass die Humanisten der Renaissance sich eher als Philologen denn als Philosophen hervortaten. Sie hielten das Studium der alten Texte für völlig ausreichend, um Ethik und Tugend zu erkennen. Dadurch, dass sie die Werte der Antike als vorbildlich hinstellten, erregten sie teils heftiges Missfallen unter den Christen ihrer Zeit. Denn sie betrachteten das vorchristliche Götterbild wertfrei und bezogen es in ihre Vorstellung von der Antike als philosophisches Ideal mit ein.

Für die Humanisten stellte das Leben nicht länger eine Existenz im irdischen Jammertal dar, wo man bloß die Erlösung durch das ewige Leben nach dem Tod abwartet. Nein, bei ihnen stand das Dasein auf Erden im Vordergrund, und der lebensbejahende, individuelle Mensch wurde rehabilitiert. Werte wie Toleranz, Freiheit des Denkens und Würde des Menschen, Gerechtigkeit, liebevolles Miteinander, Muße, Genuss und vor allem die sorgfältige Pflege und Weiterentwicklung des Verstandes traten in den Vordergrund. Der ideale Humanist ist ein geistreicher, höflicher, selbstbewusster und heiterer Mensch, der Freude an geistiger Tätigkeit hat, bei dem sich Ernsthaftigkeit mit kultiviertem Humor verbindet und der sich mit milder Selbstironie betrachtet.

Mit der Rückbesinnung auf die Antike ging eine starke Zuwendung zur vollendeten Schönheit einher. Die Ästhetik klassischer Formfindung wurde wiederentdeckt und beflügelte nicht nur die Literatur, wo sie in der plastischen Dichtung Giovanni Boccaccios ihren Gipfelpunkt fand, sondern vor allem auch die bildende Kunst. Die Perfektion natürlicher Formen und naturgegebener Schönheit auf einem hohen Niveau darzustellen, wurde zum Ziel der Künstler dieser Zeit.

Mit geradezu wissenschaftlicher Akribie machte sich zum Beispiel Leonardo da Vinci ans Werk und schuf seine Meisterwerke auf der Basis präziser Studien, Experimente, Skizzen, Beobachtungen und mathematisch bestimmter Proportionen. Geradezu lebensecht strahlen die Frauengestalten Botticellis aus den blumig idealisierten Landschaften heraus, die sie umgeben. Wie verblüffend muss dieser Anblick für Menschen gewesen sein, die bislang nur die minimalistische Sakralmalerei des Mittelalters kannten! Wie fleischlich real erscheinen die Skulpturen eines Michelangelo, als seien sie soeben in ihrer Bewegung erstarrt. Wie lebensecht blicken die Philosophen der Schule von Athen aus dem Fresko Raffaels in den vatikanischen Stanzen auf den Betrachter hinab!

Auch in der Architektur entwickelte sich durch die Humanisten eine starke Strömung zurück zu klassischen Formgebungen. Der bekannteste Architekt, der von dieser Epoche geprägt wurde, ist Andrea Palladio, dessen Villen und Paläste in Oberitalien noch heute die Erhabenheit der Antike wieder lebendig werden lassen.

Die Keimzelle des Humanismus der Renaissance lag in Florenz. Denn hier fand er seinen bedeutendsten Mäzen: Lorenzo de Medici, genannt „il Magnifico", der Prächtige. Ab 1469 stand er an der Spitze der Republik Florenz. Mit großem Nachdruck förderte er, der selbst eine umfassende humanistische Ausbildung genossen hatte, die Wissenschaft und die Kunst. Als sehr hilfreich erwies es sich für ihn, dass er nicht nur großen politischen Einfluss besaß, sondern dank des Vermögens, welches schon sein Großvater mit der Banca dei Medici erwirtschaftet hatte, vor allem auch viel Geld. Zu den Nutznießern seines Mäzenatentums gehörten geniale Künstler wie Sandro Botticelli und Michelangelo Buonarroti, die ohne Lorenzos Unterstützung vielleicht niemals so viel erreicht hätten. Lorenzo holte die berühmtesten Lehrmeister der Philosophie, der Philologie und des Rechts nach Florenz und umgab sich mit einem erlesenen Kreis von Dichtern, Künstlern und Philosophen.

Er selbst entfaltete eine beachtliche lyrische Aktivität und trug wesentlich dazu bei, die italienische Sprache neben dem Latein in humanistischen Kreisen erstarken zu lassen. Unter ihm erblühte Florenz zur wichtigsten Kunstmetropole der Renaissance. Doch Lorenzo, der stark unter Gicht litt, starb 1492 im Alter von nur 43 Jahren aus ungeklärter Ursache, und das ohne einen kompetenten Nachfolger zu hinterlassen.

Das schon erwähnte Missfallen des Klerus gegenüber dem Humanismus nahm inzwischen immer extremere Formen an, die zu heftigen Gegenströmungen führten. Als vernichtendster Gegner des Humanismus tat sich in Florenz der radikale Bußprediger Girolamo Savonarola hervor, dessen Einfluss in den wirren Jahren nach Lorenzos Tod und dem Einmarsch der Franzosen unter Karl VIII. geradezu verheerende Ausmaße annahm. Alles Ästhetisch-Künstlerische erschien Savonarola als Symbol für die Verkommenheit der Menschen. In flammenden Reden brachte er einen Großteil der Florentiner gegen den vermeintlichen Luxus der schönen Künste auf. Er setzte sogar Sandro Botticelli so lange zu, bis dieser einige seiner eigenen Bilder verbrannte. Doch Savonarola überspannte den Bogen und endete selbst auf dem Scheiterhaufen. Und letzten Endes fanden sich auch auf kirchlicher Seite Freunde des Humanismus, insbesondere unter den Jesuiten.

Den Humanisten ist es zu verdanken, dass die Bedeutung der Bildung mehr und mehr ins öffentliche Bewusstsein drang und dass das Bildungsniveau immer breiterer Bevölkerungsschichten durch ein erstarkendes Schulwesen stieg. Das neue Bildungsideal wurde insbesondere durch den Lombarden Maffeo Vegio, einen der bedeutendsten humanistischen Denker, schriftlich formuliert. Die Qualität des sprachlichen Ausdrucks stieg, bildende Künste, Literatur und Poesie wurden weiterentwickelt und gewannen an Bedeutung. Zahlreiche verschollene Werke der Antike wurden dank der Bemühungen der Humanisten aufgefunden und in ihrem Wert erkannt. Die Altertumswissenschaft mit ihren Zweigen der Philologie, Archäologie und Geschichte entwuchs den Ideen und Idealen der Renaissance. Das Interesse an den griechischen Wurzeln der europäischen Kultur erwachte, zugleich begann man, sich für orientalische Sprachen und Kulturen zu interessieren.

Der Humanismus löste eine Bildungs- und Wissenschaftsreform aus, die von Italien ausgehend schnell auch auf andere europäische Länder übergriff. Schrittweise wurde bald überall das alte scholastische Schulwesen durch ein humanistisches ersetzt. Wenn auch Mathematik, Naturwissenschaften, Muttersprache und moderne Fremdsprachen bis ins 18. Jahrhundert hinein aufgrund des humanistischen Erbes vernachlässigt wurden, so verdanken wir letztendlich doch den Humanisten der Renaissance die Entstehung der aufgeklärten Neuzeit. In der wir heute wie nie zuvor in der Geschichte der Menschheit die Chance haben, auf ein ungeheures Wissenspotenzial zurückzugreifen, um uns im Sinne der Humanisten zu entfalten und weiterzuentwickeln.

Arista alla fiorentina – Schweinebraten nach Florentiner Art

Zutaten für 4 Personen:

1 kg Kotelettstück vom Schwein ohne Knochen
5 Zweige Rosmarin
4 Knoblauchzehen
3 Salbeiblätter
8 Pfefferkörner
1 Tl Fenchelsamen
2 El grobes Meersalz
4 El Olivenöl
Salz und Pfeffer

Zubereitung:

Die Knoblauchzehen häuten. Die Nadeln von einem der Rosmarinzweige abstreifen und fein hacken, die Salbeiblätter ebenfalls fein hacken und beides zusammen mit den Knoblauchzehen, dem Meersalz, den Fenchelsamen und den Pfefferkörnern im Mörser zerstoßen.

Mit einem schmalen Messer Löcher in das Fleisch bohren und die Öffnungen mit der Gewürzmischung füllen. Das Fleisch mit Küchengarn zu einem Rollbraten schnüren und mit dem Olivenöl einpinseln, die restlichen Rosmarinzweige verteilt unter das Küchengarn schieben.

In einem Bräter im Ofen bei 180°C etwa 2 Stunden backen, die erste davon bei geschlossenem Deckel. Dabei öfters wenden. Auf dem Blech kann man gleichzeitig die Beilagen garen, es empfehlen sich Rosmarinkartoffeln und Gemüse wie Broccoli, Fenchel oder Möhren.

Dieser Braten wird nach einem sehr alten toskanischen Rezept zubereitet. Der Überlieferung nach entstand der Name, als das Gericht 1430 auf einem Konzil griechischen Bischöfen serviert wurde. Sie fanden ihn „aristos“ – griechisch für „ausgezeichnet“.

Mitten im Mittelmeer – eine Reise entlang Italiens Westküste

Sanft schwankt unser Boot in den Wellen. Es ist eine stille, laue Nacht, ruhig liegt das Mittelmeer unter einem überwältigenden Sternenhimmel. Und doch müsste es eigentlich eine dunkle Nacht sein, denn der Mond ist am schwarzen Glitzertuch des Himmels noch nicht aufgegangen.

Aber dies ist eine magische Nacht. Wir brauchen keinen Mond, um sie zu erhellen. Das Meer selbst leuchtet in dieser Nacht, durch das lichtlos ruhende Wasser zieht sich ein grünes Band und schimmert so hell, als seien die Nixen am Grunde erwacht und zögen nun in smaragdfunkelnder Prozession unter der Meeresoberfläche Richtung Westen. Es ist ein überirdisch schillernder Tanz der Märchenwesen in einer verzauberten Nacht.

Diese geheimnisvollen Momente erlebte ich, als wir vor der Südostküste Sardiniens lagen. Ich konnte nicht schlafen und kam deshalb noch einmal an Deck, um die Sterne zu betrachten. Und während ich fasziniert das Meeresleuchten beobachtete, erinnerte ich mich an die Bootsfahrt entlang Italiens Westküste, die hinter uns lag.

Wir waren im lieblichen San Remo an der Blumenriviera Liguriens aufgebrochen. Nirgendwo sonst in Italien gibt es so viele Bootsanlegeplätze wie dort in Ligurien. Hübsche kleine Sandbuchten ziehen sich zwischen den zahlreichen Häfen an der Küste entlang, dahinter steigt steil das ursprünglich wilde Bergland der südlichen Alpenausläufer empor. An den küstennahen Hängen reiht sich Gewächshaus an Gewächshaus – nun weiß ich, warum man von der „Blumen"-Riviera spricht. Dieser Anblick ist keineswegs schön – die monotonen Kästen kann man nicht unbedingt als Augenweide bezeichnen.

In historischem Fahrwasser reisten wir nach Genua, der Heimatstadt des Christoph Kolumbus, die lange Zeit als mächtige Seerepublik einen Teil des Mittelmeers beherrschte. Heute ist Genua eine moderne Großstadt und kann nicht unbedingt als pittoresk bezeichnet werden. Deshalb hielten wir uns nicht lange auf, unser nächstes Ziel sollte der malerische Hafen von Portofino sein. Und wirklich – wir fühlten uns wie in ein Gemälde hineinversetzt beim Anblick der hübschen bunten Häuschen, die sich um den kleinen Hafen scharen. Edle Luxusyachten gaben einen Hinweis darauf, dass auch Besucher mit einem deutlich höheren Budget, als es uns zur Verfügung stand, diesen Ort zu schätzen wissen.

Weiter ging es entlang der berühmten Cinque Terre. Die schroffe Klippenküste, an die sich die fünf malerischen Ortschaften der Cinque Terre schmiegen, ist atemberaubend schön. Hinter jedem Felsvorsprung eröffnen sich neue Postkartenmotive. Es ist eine Welt für sich – ich verstehe jetzt, warum so viele Leute von den Cinque Terre schwärmen. Im still und zauberhaft unter der Sonne ruhenden kleinen Hafen von Portovenere, an dem sich bunte Häuser eng gedrängt aneinanderreihen, haben wir einen Caffè genossen und beobachtet, wie die Ausflugsboote mit den Touristen zur Rundfahrt um die Cinque Terre aufbrachen.

Unser nächstes Ziel war die Küste der Versilia in der nördlichen Toskana. Ab der Stadt Carrara zieht sich ein schier endlos langer und breiter Sandstrand vor den hohen Gipfeln der

Apuanischen Alpen dahin. Strahlend leuchten die erhabenen weißen Marmorfelsen vor dem azurblauen Himmel, ordentlich ausgerichtet reihen sich die Liegestühle der zahlreichen Strandbäder an der Küstenlinie entlang. Überall pulsiert hier das Urlaubsleben, Orte wie Forte dei Marmi oder Viareggio sind Sommerfrischlern aus aller Welt bekannt.

Weiter im Süden, vor der Landschaft der Maremma, ist der Strand ursprünglicher und gerahmt von der wilden Macchia der Naturschutzgebiete dieser Region. Ganz im Süden der Toskana erreichten wir schließlich die Halbinsel des Monte Argentario, dessen bunte Unterwasserwelt zu den interessantesten von ganz Italien gehört. Besonders die Bewohner Roms schätzen den Monte Argentario als mondänes Urlaubsrefugium.

Nun beginnt die Küste von Latium. Auch hier bemerkten wir die breiten Sandstrände, dazu einige imposante mittelalterliche Ortschaften am Meer. Doch als wir auf der Höhe von Rom, ungefähr bei Fiumicino, an den Strand gingen, erlebten wir eine Enttäuschung. Im Gegensatz zu den gepflegten Stränden der Versilia wirkte es hier ziemlich schmuddelig. Vielleicht befanden wir uns einfach zu nahe an der Metropole und ihrem größten Flughafen, es mag aber auch sein, dass der regnerische Tag, den wir erwischt hatten, unsere Stimmung trübte.

Wir setzten daher die Fahrt fort und erreichten – nun wieder bei strahlendem Sonnenschein – den Golf von Neapel. Mächtig thront der Vesuv über der großen Stadt, ringsum blüht der Oleander. Himmel und Meer liegen im Wettstreit, wer von ihnen in tieferem Blau erstrahlen kann. Vedi Napoli e poi muori – Neapel sehen und sterben!

Hoch über steilen Klippen liegt Sorrent und schaut auf diese Kulisse hinab, die wie eine gigantische Opernbühne wirkt. Zu Füßen der Klippen erstreckt sich ein Sandstrand, am Abend glitzern die Lichter ringsum und spiegeln sich im Meer, soweit das Auge reicht – wir fragten uns, ob dies das Paradies sei?

Doch es sollte noch besser kommen. Das wunderschöne Capri träumt mitten im blauen Meer vor sich hin und öffnet das Tor zur Amalfiküste. Vielleicht ist dies die schönste Küste, die ich je gesehen habe. Sie ähnelt den Cinque Terre, ist aber weitläufiger und noch weitaus bizarrer. Zwischen ihren schroffen Felsen schmiegen sich zauberhafte Ortschaften an die Hänge, mit pastellfarbenen kleinen Häuschen, die anmuten, als seien sie einem orientalischen Märchen entsprungen. Kein Wunder, denn die wilden Sarazenen haben hier in früherer Zeit ihr Siegel hinterlassen.

Das reizende Positano ist voller schmucker kleiner Modeläden, und ich konnte nicht umhin, mir einen bunten Schal zu kaufen, der mich auf der Weiterfahrt flatternd begleitete. Blickt man von einem erhabenen Punkt im malerischen Ravello auf die steil abfallende Amalfiküste hinunter, so überwältigt dieser majestätische Anblick die Sinne. Hier schrieb Henrik Ibsen sein Gedicht von Peer Gynt, Richard Wagner komponierte gefühlstiefe Klänge seiner Oper Parsifal. Kein Wunder!

Zwischen den Klippen liegen immer wieder verträumte kleine Buchten mit Sandstrand, fast fühlt man sich gezwungen, hinabzusteigen und ein erfrischendes Bad im tintenblauen Meer zu nehmen. An der Amalfiküste gibt es so viel zu entdecken, dass uns der Aufenthalt viel zu kurz erschien.

Noch sprachlos von all den Eindrücken erreichten wir südlich von Salerno die ersten Ausläufer des Cilento. Dort wurden wir aufs Neue überrascht: Vor den kargen Hängen erstrecken sich prächtige Sandstrände, die kleinen Fischerdörfer strotzen vor Ursprünglichkeit. Der Massentourismus mit seinen Bettenburgen scheint diese Region wohl übersehen zu haben. Man meint, in einer anderen, weitaus ruhigeren Zeit angekommen zu sein. Die Küste ist geprägt von rauen Felsen und durchlöchert von Höhlen, dazwischen immer wieder weite, weiße Sandstrände und smaragdstrahlendes, glasklares Wasser. Schon wieder hatten wir ein neues Paradies entdeckt! Erhaben reckt sich der berühmte Fels von Palinuro aus der Küstenlinie heraus, so, als wollte er uns die Zunge herausstrecken und hinter uns herrufen: „Ätsch, wie schön es hier ist, das habt ihr nicht gewusst!“

Helle Sandbuchten zwischen bizarren Felsformationen und glasklarem Wasser prägen auch das Bild der Küste Kalabriens, die wir nun erreichten. Schon Odysseus kreuzte in diesen Gewässern, wieder fühlen wir uns in die Vergangenheit versetzt.

Wir erreichten Sizilien. Weite Strände erstrecken sich um die Insel mit ihrem wilden Hinterland. Im Norden, vor der kleinen Stadt Patti, ankerten wir und saßen nachts bei einem feurigen sizilianischen Rotwein an Deck. Am Horizont leuchtete blass der Feuerschein Strombolis, eines Vulkans der Liparischen Inseln. Wieder so eine Nacht, die mit ihrem romantischen Zauber fast unwirklich erschien.

Das Kap vor Palermo soll Dichterfürst Goethe als das schönste der Welt bezeichnet haben. Bei aller Liebe vermag ich die Meinung des großen Meisters in diesem Fall nicht zu teilen. Denn weit mehr gefällt mir die ursprüngliche Küstenlandschaft des Naturparks von Zingaro östlich der Stadt Castellammare del Golfo. Und völlig begeistert bin ich mal wieder, als ich hoch oben beim mittelalterlichen Städtchen Erice am Kastell stehe und auf die weite, bergige Küstenlandschaft hinunterblicke.

In Selinunt, weiter im Süden Siziliens, wehte ein lauer Wind vom Meer über den Strand bis in die Ruinen der griechischen Stadt. Eine denkwürdige, stille Stimmung herrschte hier, wieder musste ich an Odysseus denken. Fast schon erwartete ich, dass er im nächsten Moment aus der Macchia zwischen den Tempeln heraustreten würde.

Schöne Strände erstreckten sich entlang der Südküste Siziliens, bis wir bei Portopalo di Capo Passero den südlichsten Zipfel der Insel erreichten. Eine Ahnung von der Sahara, ein Hauch von Afrika lag in der Luft. Nun wendeten wir uns wieder Richtung Norden, vorbei an Syrakus und Catania, bis im Westen der Ätna mit schneebedecktem Gipfel den Horizont beherrschte und Taormina blumenumrankt dem Meer entstieg. In dessen Griechischem Theater wartete die nächste Postkartenidylle auf uns. Hier, in einer Höhle an den Hängen des Ätna, soll Polyphem gelebt haben, der Zyklop, den Odysseus blenden musste, um mit seinen Gefährten entfliehen zu können. Und die Legende will wissen, dass die Felsen, die vor der Küste im Meer liegen, keine geringeren sind als diejenigen, die der wütende Zyklop den davonsegelnden Seefahrern hinterhergeworfen hat.

Wir durchfuhren die Meerenge von Messina und nahmen Kurs auf die Südküste Sardiniens, vorbei an Stromboli, dessen nächtliches Leuchten wir schon gesehen hatten. Jetzt, bei Tage, ließ die große Hitze des ständig tätigen Vulkans an dessen Gipfel eine Wolke kondensieren. Rund und steil erhob sich die kleine Insel unter dieser Wolke aus der Weite des Meeres, der Anblick erschien fast unwirklich. Ich musste an Lummerland denken.

Sardinien ist die Endstation unserer Küstenfahrt. Die Strände Sardiniens gehören zu den schönsten der gesamten Mittelmeerregion – fast puderig feiner und dabei strahlend weißer Sand schillert unter der Sonne, die hier vermutlich beinahe immerzu scheint. Und das klare Wasser funkelt in so kräftigen Smaragd-, Türkis- und Azurtönen, dass man sich fühlt, als sei man in die Karibik versetzt worden. Als wenn das nicht atemberaubend genug gewesen wäre, begleitete uns heute auch noch für eine Weile eine Schule von Delfinen, während wir durch das offene Meer in Richtung Torre delle Stelle fuhren, dem „Turm der Sterne".

Nun werde ich doch müde, während das Meeresleuchten allmählich verblasst. Natürlich weiß ich, dass keine Nixe mit magischem Zauber das Meer zum Glühen gebracht hat. Es ist auch nicht das Werk von Jim Knopf, der das Meeresleuchten repariert hat, um das Reich der Meerjungfrauen und Meermänner zu erhellen. Es war bloß die Fähre, die aus Neapel kommend in Richtung Cagliari vorbeigefahren ist. Dabei hat sie eine bestimmte Art von Mikroorganismen aufgewirbelt, eine zum Plankton gehörende Art, die bei Berührung lumineszierte.

Aber das Leuchten ist atemberaubend schön, deshalb verdränge ich die profane Erklärung und trage den Zauber dieser Nacht der Geheimnisse mit in meine Träume, Träume von den faszinierenden Küsten Italiens.

Spaghetti vongole – Spaghetti mit Muscheln

Zutaten für 4 Personen:

500 g Spaghetti
250 ml trockener Weißwein
1 kg Venusmuscheln
4 Knoblauchzehen
4 EL Olivenöl
2 El gehackte Blattpetersilie
Salz
Pfeffer

Zubereitung:

Die Muscheln gründlich unter fließendem Wasser abspülen und dabei bürsten, schon geöffnete Exemplare wegwerfen.

Den Knoblauch schälen und fein hacken. In einem großen Topf das Öl erhitzen und den Knoblauch darin kurz andünsten. Die Muscheln hinzufügen, mit Salz und Pfeffer würzen. Mit dem Wein ablöschen und die Muscheln darin zugedeckt ca. 5 Minuten köcheln lassen, bis sie sich geöffnet haben.

Nun die Muscheln aus der Schale lösen. Muscheln, die nicht aufgegangen sind, wegwerfen. Den Kochsud gut durchsieben, noch einmal aufkochen lassen und mit Salz und Pfeffer abschmecken.

Die Spaghetti in gesalzenem Wasser bissfest kochen und anschließend durch ein Sieb abgießen. Das Fleisch der Muscheln und die abgegossenen Spaghetti im Kochsud der Muscheln gut miteinander vermischen.

Auf Tellern anrichten, mit Petersilie bestreuen und mit ein paar Muschelschalen garnieren.

Das letzte Wort

Liebe Leser,

ich hoffe, Ihnen hat unsere Reise durch Italien gefallen. Besuchen Sie auch meine Website *www.almutirmscher.de*, denn dort finden Sie viele schöne Fotos aus ganz Italien, die Ihre Eindrücke abrunden.

Natürlich freue ich mich über Ihre Tipps, Hinweise oder Anregungen und beantworte auch gerne Ihre Fragen. Schreiben Sie mir einfach an *kontakt@almutirmscher.de*.

Wenn Sie Lust auf mehr Italien haben: Es gibt noch ein weiteres Italien-Lesebuch, außerdem Bücher über die Toskana, Sizilien, Venedig, Rom sowie Neapel und die Amalfiküste.

Vielen Dank fürs Lesen und…

Ciao – a presto in Italia!

Ihre
Almut Irmscher

Danksagung

Ich danke allen, die mich mit Tipps und Anregungen unterstützt haben. Ganz besonders danke ich meinem Mann Ulrich Otto, ohne seinen Rat, seine Korrekturen, seine Aufmunterungen und seine ständige Bereitschaft, mir alle Hindernisse aus dem Weg zu räumen, wäre meine Arbeit nicht möglich.

Ich danke meiner Freundin Rosi Seidl, die mit ihren schönen Fotos die Fotoalben zu meinen Büchern bereichert. Sie teilt meine fotografische Leidenschaft, und wir haben beim Vergleichen unserer Bilder schon festgestellt, dass wir unterwegs mitunter sogar den gleichen Kiesel in einem Flussbett abgelichtet hatten.

Besonderer Dank gebührt meiner Freundin Gunhild Hexamer, die mich nicht nur durch die Jahrzehnte des Lebens begleitet hat, sondern auch die Entstehung meiner Bücher jedes Mal aufs Neue unermüdlich und engagiert mit ihren Hinweisen, Korrekturen und Anregungen begleitet. Sie ist es auch gewesen, die mir überhaupt erst den Anstoß zum Schreiben gegeben hat. Ohne Gunhild gäbe es meine Bücher nicht. Gunhild ist selbst Autorin, wenn Sie sich für Nordamerika interessieren, dann besuchen Sie ihre Website *www.ghexamer.de.*

Mailand
Verona
Venedig
Bologna
Genua
Carrara
Cinque Terre
Pisa
Florenz
Siena
Maremma
Elba
Rom
Sardinien
Cagliari
Neapel
Pompei
Amalfi-küste
Paestum
Cilento
Bari
Tarent
Stromboli
Palermo
Sizilien
Ätna
Catania
Syrakus

Torre delle Stelle, Sardinien

In den Bergen von Carrara

Amalfiküste

In Florenz

Via Krupp, Capri

Palinuro, Cilento

Garda

Pompeji und der Vesuv

Strada della Forra, Tremosine, Gardasee

Kolosseum, Rom

Villa Cimbrone, Ravello

An der Riva degli Schiavoni, Venedig

Verona

Solfatara

Positano an der Amalfiküste

Pisa

Rom

Capri

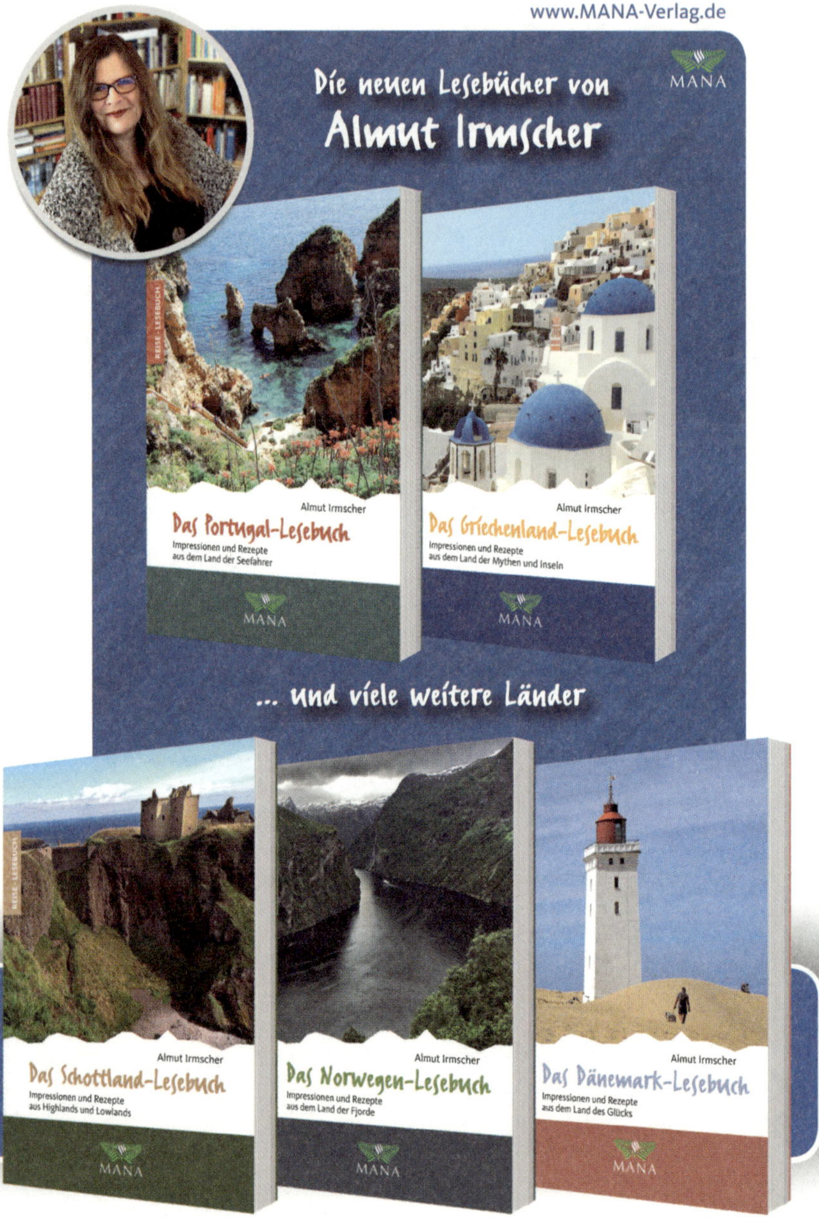

www.MANA-Verlag.de
MANA
Die neuen Lesebücher von
Almut Irmscher
Almut Irmscher
Das Portugal-Lesebuch
Impressionen und Rezepte aus dem Land der Seefahrer
MANA
Almut Irmscher
Das Griechenland-Lesebuch
Impressionen und Rezepte aus dem Land der Mythen und Inseln
MANA
... und viele weitere Länder
Almut Irmscher
Das Schottland-Lesebuch
Impressionen und Rezepte aus Highlands und Lowlands
MANA
Almut Irmscher
Das Norwegen-Lesebuch
Impressionen und Rezepte aus dem Land der Fjorde
MANA
Almut Irmscher
Das Dänemark-Lesebuch
Impressionen und Rezepte aus dem Land des Glücks
MANA